Joachim Rinke

Mein lyrisches

Tagebuch

Erlebtes und Erträumtes
von Sehnsucht und Erfüllung, Liebe und Leid,
Gesellschaft und Individuum, Schuld und Sühne,
Leben und Tod.

Kleiner Vorspruch

Denn oft sind Worte wie Papierlaternen,
wohlfeiler Tand nur, bis ein Licht sie sacht
erhellt und immer durchsichtiger macht.
Dann hängen sie gleich zauberischen Sternen
in der Unendlichkeit der Nacht.

Manfred Hausmann

Magie

Soll das Geheimnis in den Worten singen,
muß dein Gedicht den Widersinn vollbringen,

das Urbeständige
im Wandel zu gestalten,
das tief Inwendige
im Außen zu entfalten,
das hold Lebendige
im Toten zu erhalten.

Soll dein Gedicht den Widersinn vollbringen,
muß das Geheimnis in den Worten singen.

Manfred Hausmann

Herstellung und Verlag: Books on Demand GmbH, Norderstedt
ISBN 978-3-8334-7967-0

INHALT:

I

WIE DAS LEBEN SO SPIELT

TOD DER MUTTER

DAS LEBEN GEHT IMMER WEITER

AUF DEM WEG

WEGE IN DIE FREIHEIT

ANHANG

IV

DIE ERSTE LIEBE

Berlin

Auf Putzis Tod

Du warst ein Hund,
nicht groß und stattlich, wie es viele lieben,
ein kleiner Dackel nur, stets munter, schalkhaft und durchtrieben.
So wie du warst, bliebst du mir immer liebenswert,
auch wenn sich manchmal Menschen über dich beschwert'.

Du warst m e i n Hund,
ich pflegte dich, als du ein winzigkleiner Dickwanst warst,
ich sah dir zu, als du die ersten Mäuse fingst,
ich sah dich manches Mal um eine Liebste werben.
Ich war dein ganzes Leben lang bei dir -
                    und durft' nicht bei dir sein im Sterben.

Du warst mein F r e u n d ,
obgleich mein Handeln dir wohl manchmal unverständlich schien.
Du hast uns Menschen sicher oftmals nicht verstanden,
vielleicht, weil wir uns meistens selber nicht verstehn.
Du hingst an mir mit deines kleinen Hundeherzens Banden,
als wolltest du nie wieder von mir gehn.

Als deine Stunde kam,
              gingst du in eine dunkle Ecke,
                        still, nach deiner Ahnen Art -
                                  schliefst friedlich ein ...

Nun seh' ich dich durch euren Hundehimmel ziehn,
wo's viele Würstchen gibt, und ihr voll Lust im Sonnenschein
durch mäusereiche Auen streunt ...
Leb' wohl, mein kleiner lieber Freund !

GESCHWISTERLIEBE

1955

Konfirmation der Geschwister

Der heutige Tag, ihr beiden,
wird euch immer unvergesslich sein.
Die Kindheit seht ihr heute scheiden.
Das Leben greift mit vielem Ernst jetzt ein.

Gedenket oft der kindlich frohen Stunden,
die ihr verleben durftet in der Eltern Hut,
denn sie sind bald für alle Zeit entschwunden.
Das weitre Leben fordert euren ganzen Mut.

Tretet nun ein in der Erwachsnen Runde,
behaltet noch ein Weilchen kindliches Gemüt.
Hört den Rat der Eltern zu jeder Stunde,
solang' die Blume Elternliebe euch noch blüht.

Die Zeit ist grau, die euch in Rauch und Brand und Krieg gebar,
doch muss man jeder Zeit das Beste abgewinnen.
Werdet in eurem Sinne glücklich, und seid gut und wahr.
Lasst euer Leben nicht umsonst verrinnen.

Der Mensch muss frei sein, frei im Tun und Denken!
Vergesst das nie, was ihr auch seht und hört!
Wenn viele ihre Schritte auf dies Ziel hin lenken,
dann kommt vielleicht einmal die Zeit,
wo weder kalte Macht noch Ungerechtigkeit
das Wirken freier Menschen stört!

DIE EINZIGE LIEBE

1 9 5 6

Brief zum Muttertag:

Meiner lieben Mutter

Ich schreib' einen Brief an eine Frau,
die ich liebe, so groß und so rein.
Ich liebe sie immer, das weiß ich genau.
So wie ich jetzt empfinde, soll es immer sein!
Es ist eine Liebe, noch nie so gefühlt
beim Anblick selbst der schönsten Maid.
Nie hat eine so Sehnsucht und Kummer gestillt
und mit mir geteilt mein Freud und Leid.

Ich schreib' einen Brief an eine Frau,
es soll ein Liebesbrief sein.
Sind auch bei ihr die Haare schon grau,
ihr Antlitz gezeichnet von Not und Pein,
für mich ist sie die schönste Frau auf Erden.
Sie gab so viel für mich, wie keine geben kann.
Ich kann nur ahnen ihre Leiden und Beschwerden,
kann es nicht wissen, bin ja nur ein Mann.

Ich schreib' einen Brief für Dich, liebe Frau,
es soll mein schönster Brief sein!
Ich bin so beschämt, dass ich mich kaum trau',
zu sagen: Es ist ein Dank, wenn auch klein!
Von ganzem Herzen bedank' ich mich,
geb Dir all meine Liebe, etwas bang.
(Ist sie auch immer groß genug für Dich?)
Hab' Dank, liebe Mutter, hab Dank!

HELGA

Dortmund, August

Von mir für dich

Was kümmert mich die Mauer, die mich rings umgibt?
Mein Geist, mein Herz durchdringt sie, wie es ihm beliebt!
Was kümmert mich mein scheinbar erdgebunden Sein?
Was kümmert mich das wohnlich heimatliche Haus von Stein?
Ich bin ein Mensch, und die Gedanken eilen schnell hinaus
zu dir, in Liebe, wenn auch noch so weit dein Haus.

Ich bin ein Mensch, ein Abbild Gottes, wie er ewig ist.
Ich will E r sein und werd' I h n nie erreichen,
auch wenn ich hundert Jahre nach I h m suchen müsst'.
Ich kenn' nur eins von vielen vielen Zeichen,
das mich I h m gleich macht, das E r mich gelehrt:
Es ist das Herz, der Liebe Sinnbild immerdar.
Dich lieb' ich, Mädel, wie ich keine je begehrt!
Dich lieb' ich, dich, du einz'ger Mensch, es ist wohl wahr,
der nur zu mir, zu mir gehört!

Erschrick nicht über meine Kühnheit, liebes Wesen,
glaub' nicht, dass nur ein Egoist ich bin.
Ich bin von dieser Krankheit jetzt genesen.
Ich weiß nur eins, soviel ich sinn' und sinn',
ich kann nur denken: Liebes! Mädel mein! Und allenfalls mal: Wir!
Ich kann nicht untreu sein, ob dort, ob hier!
Es existiert nur eins in allen Zeiten, wie schon oft ich schrieb,
vier Worte nur: I c h   h a b '   d i c h   l i e b !

Remscheid, Oktober

Auf die Nachricht hin, dass sie schwer erkrankt sei:

Die große Bitte

O Gott! - O Weltgeist, oder wie du sonst magst heißen,
du kannst doch nicht das Liebste von mir reißen!
O, lass die ferne Liebste nicht verderben !
Lass mich aufs neu' um ihre Liebe werben!
Lass uns auf Erden beieinander bleiben immerfort
und wenns dort drüben weitergeht, auch dort.
O, gib mir eine Chance zu ändern, was nicht schön gewesen!
Lass mich vom letzten Eigennutz genesen,
der noch verschattet meiner Liebe Licht! -
Lass mich sie glücklich machen, mehr erbitt' ich nicht!

O, allumfassend' Ich, hör meiner Seele Hilfeschrei:
Reiß nicht auf Erden hier dein eigenes Gesetz entzwei!

Magdeburg, September

Ein Traum

Heute nacht träumte mir, du liebtest mich.
Ich war unendlich glücklich und umarmte dich.
Du sagtest mir, dass du so schrecklich dumm gewesen,
doch nun sei alles wieder gut.
Du ließest mich in deinen lieben Augen lesen.
Ich las und hatte neuen Lebensmut.

Stark war ich wieder, legte schützend meinen Arm um dich.
Dass ich es war, der dich beschützte, machte glücklich mich.
An deinen Finger steckt' ich dir ein Ringlein schlicht.
Du sagtest: Ich bleib' bei dir, bis mein Herze bricht!

O, lach' nicht über diesen Traum, er war so glückhaft rein!
Ich hatt' die ganze Nacht mich schon gequält,
verflucht, ein Mensch zu sein. -

Doch eines weiß ich - oder träum' ich's gleichfalls nur?
Es gibt einen einzigen Menschen auf weiter Flur,
der macht den Traum zur Wirklichkeit im Nu.
Dieser eine Mensch, den ich liebe - das bist du!

Und sollt' ich dazu verurteilt sein,
im Leben mein Glück zu versäumen,
dann möcht ich's - so wie heute nacht -
zumindest manchmal - träumen.

Berlin, September

Sie war in Ägypten:

Herbstgedanken

Es ist ein großer Abschied überall. Der Sommer geht.
Die Stadt wird kühl und legt die warmen Kleider an.
Vergeblich kämpft die Sonne. Der letzte schöne Tag verweht.
Ein neuer Herr zieht ein, und rau schlägt er die Welt in Bann.

Herbst ist gekommen. Wilde Winde wehn ums Haus.
Für viele kleine Gäste wird es Zeit, die jetzt nach Süden fliehn.
Mein Sehnen fliegt mit all dem frohen Volk hinaus.
Der Herbst ist nicht mein Freund. Ich möcht mit ihnen ziehn!

O, nehmt mich mit, die ihr den Winter nie gekannt,
mit seinem grimmen Frost, mit seiner weißen Einsamkeit!
Ich möchte mit euch gehn in jenes ferne warme Land,
wo Pyramiden stehn und Sommer ist seit langer Zeit!

Jedoch: Was solls! Es ist ein töricht Sehnen, das gewiss verglimmt.
Fahrt wohl! Grüßt mir den Sommer! Grüßt die Liebste mein!
Ich bleibe! - Plane, kämpfe h i e r , so wie es mir bestimmt! -
Nur, sagt ihr - kann ich nicht mehr lange einsam sein!

Anfang vom Ende:

Stärke und Schwäche

Wenn ich dunkle Tage sehe mit dem trübsten Einerlei,
und der Weg, voll Stein' und Dornen, mir sehr schwierig wird,
wenn die Sorgen mich umfangen, weil der Menschengeist sich irrt,
muß ich's nehmen, wie es kommt, sag': Wohlan, es sei !

Wenn auch Feinde mich bedrängen mit der Wucht der Raserei,
wenn sie, ohne Gott zu kennen, wider mich die Messer wetzen,
mir mein Glück zu rauben suchen, sticheln, intrigieren, hetzen,
kann ich's zwingen, wie es kommt - sag': Wohlan, es sei !

Aber - wenn du mich verläßt, sagst: Es tut mir leid, verzeih'!
Kann dich nicht mehr länger lieben, war zu lange schon dir treu.
Nimms nicht tragisch, wird schon werden, machs wie ich, beginne neu! -
Dann kann ich wohl nur noch sagen: Alles ist vorbei !

Berlin, Oktober

Spruch 1

Eine Wunde im Sitzfleisch ist eine Bagatelle,
eine Wunde an der Hand ist zu heilen,
aber eine Wunde im Herzen ist unsagbar tödlich !

Menschengedanken

Du grüne Fliege auf dem Kot,
du hast ein sorgloses Leben.
Weißt nichts von Menschenqual und Not,
kannst keine Liebe vergeben.

Du glanzgrüne Fliege, wie ich dich beneide!
Hast keine Ahnung von schrecklichem Leide,
von Hoffnung, von Angst und vom Tod.

O, Fliege, die da im Drecke stobert,
hätt' doch d e i n e Art die Erde erobert,
und Menschen nie gesehen der Sonne Schein -
Ich glaub' fast - sie würde glücklicher sein !

Berlin, Oktober

So wird es sein

Wenn du lieb bist, lieb' ich dich,
wenn du krank bist, werde ich dich pflegen.
Wenn du tot bist, gräm' ich mich.
Wenn du mir untreu bist - wird sich am End' nicht eine Träne regen!

Was ist Liebe ?

Was ist Liebe ?
Wenn im Rausch der Sinne Körper aneinanderdrängen ?
Wenn du einem Menschen alles gibst, was du nur hast,
um ihn dich sorgst, versuchst, dein Herz an ihn zu hängen,
dir's einerlei ist, wenn er auch dein ganzes „Ich" verpraßt ?

Was ist Liebe ?
Wenn ein Mensch dir alles antun kann,
und du trotzdem sagst: „Ich bin dir gut !" ?
Wenn du immer glaubst, fast wie in einem Wahn:
„Sie hat mich gern, liebt mich, so ganz mit Hirn und Blut !" ?

Was ist Liebe ?
Wenn du versuchst, ihr alles lieb und recht zu machen ?
Wenn du die Schuld bei dir zu finden glaubst, nach einem Streit,
dich selbst zerfetzt, nur um ein klein' verzeihend' Lachen,
wenn du im Recht bist, dich bezichtigst, wenn auch alles in dir schreit ?

Das ist Liebe ? -
Was ist dann Würde, die der Mensch besitzen soll ? -
Was ist dann Würde, frag' ich, die dich stark und sicher macht ? -
Wenn du ihr frei und offen sagst, ganz ohne Groll:
„Dies war sehr lieb, doch jenes da war bös' von dir !
Mach's besser morgen oder geh' - denn ich bin jetzt erwacht !"

Berlin, Oktober

Selbstbildnis

Ein Narr, wer glaubt , geliebt zu sein
und seine Liebe gibt darein,
wo gar kein Echo zu ihm dringt.
Ein Narr, der unerwünschte Opfer bringt !

Berlin, November

Jeder für sich

Wie wollt' ich alles schön für dich bereiten,
dir alles geben, was dich glücklich macht.
Nun liegen wir, die Köpfe nach verschiednen Seiten,
jeder für sich - und starren in die Nacht.

Wie hab' ich dich geliebt - lieb' dich sogar noch jetzt !
So fröhlich bin ich manchen Tag in deinem Arm erwacht.
Nun liegen wir, die Augen von Tränen benetzt,
jeder für sich - und starren in die Nacht.

Wie war es manches Mal auch schlimm um uns bestellt.
War ich's ? - Warst du's ? - Hat es die Zeit gebracht ?
Nun liegen wir (Hat denn mein Herze mich geprellt ?),
jeder für sich - und starren in die Nacht.

Wie wird der Abschied sein ? - Weint man ? -
Vielleicht zuerst, jedoch die Zeit schließt eine Wunde sacht.
Nur manchmal liegen wir - (Wo sind wir dann ?) -
jeder für sich - und starren in die Nacht.

Berlin, Januar

Gerettete Nacht

Wird das nun wieder eine von den Qualennächten,
in denen man den Schlaf, den guten Freund, vermisst?
Will denn das Herz heut' wieder mit dem Geiste rechten,
sich streiten über das, was Glück, was Leiden ist?

Wird das nun wieder eine von den dunklen Stunden,
in denen ich verzweifle über das, was du mir angetan,
dann wieder schuldbewusst bereue, dass wir einander nicht gefunden,
dir grolle, dich verachte - liebe -
      und wieder glaube, dass ich dich nicht lassen kann?

Das würde wieder eine solche junge, wirre, dumme Nacht,
in der man tut, was Sisyphos einst tuen musste
Am nächsten Tag fühlt man sich sehr um seinen Schlaf gebracht
(Die einz'ge Folge!) und fragt, weshalb man das nicht früher wusste

Nein, nein! Das hab' ich satt, so soll es nicht mehr sein!
So hab' ich schon zu oft fast den Verstand zerdacht. -
Das Leben ist nun einmal so! Man ist mal groß, mal klein!
Ich trinke jetzt noch ein Glas Wein - und geh' ins Bett! - Gut Nacht!

***

12

SYLVIA

Hannover-Langenhagen, März

Immer ...

Immer will ich es dir schreiben,
wenn ich's nicht so sagen kann:
Immer sollst du bei mir bleiben,
meine Frau, und ich dein Mann!

Immer wollen wir uns lieben,
niemals wollen wir verzagen!
Keine Not soll uns betrüben,
alles können wir ertragen!

Immer wollen wir uns schenken,
was den andern glücklich macht!
Immer sollst du mein gedenken,
wenn ich steh für dich auf Wacht!

Immer sollst du glücklich sein,
alles werd ich dafür geben!
Immer wirst du, groß und rein,
Inhalt sein in meinem Leben!

Immer wieder werd ich's sagen -
ja, von selbst schon sagt es sich,
brauchst mich gar nicht mehr zu fragen:
Immer, immer lieb ich dich!

(Aus einem Brief nach Sundsvall.)

Warten

Einsam sitze ich, ein stiller Zecher,
in der Hand den Krug, um Mitternacht.
Trinken muss ich Schlaf aus einem Becher,
um zu brechen des Alleinseins Macht.

„Sehnsucht nach dem Glück, schweig still!
Fort, Verlangen nach den heißen Küssen!
Werd auf euch, gleich ob ich's will,
nun wohl doch noch lange warten müssen!"

Nacht und Morgen

Finster war die Nacht und kalt,
meiner tiefen leichenstarren Einsamkeit.
War schon ganz in ihrer Allgewalt,
kannte weder Glück noch Leid.

Einsam ging ich, starr den Blick gradaus,
frierend durch die Nächte vieler Städte bunt,
doch für mich sah'n alle Farben düster aus -
und mein Herz, mein Herz so wund!

Manchmal glaubte etwas Wärme ich zu finden,
irgendwo in dem Geflimmer einer Großstadtnacht.
Hier und da schien etwas fester mich zu binden,
doch dann hab' ich traurig über mich gelacht:

„Du willst glücklich sein, du Kind der Nacht? -
Lächerlich, du solltest dich bescheiden! -
Du bist einer, der das Glück von a n d e r e n bewacht!
D e i n Glück soll es sein, für andere zu leiden!"

Und dann kam der Morgen, warm und licht! -
O, welch Wunder! - Und er ist noch da!
Immer wieder schau ich in das liebe Angesicht:
Morgen ward es - strahlend heller warmer Liebesmorgen!
Ach, mein Herz, was machst du dir noch Sorgen!
Eitel Glück ist um uns, denn wir sind uns nah!

Sie war immer noch in Schweden:

Sehnsucht und Trost

Frühling war durchs Land gegangen,
Lieb und Leben nur verströmt' Natur.
Tausend kleine Vogelpaare sangen
laut ihr Glück durch Wald und Flur.

Ich ging durch den Sonnentag - allein,
dacht' an dich und an der Trennung Schmerz.
Konnte früher ich doch besser einsam sein.
Seit ich liebe, bricht die Einsamkeit mein Herz.

„Still! - Ein Mensch! - Ein Mann! - Allein!",
hört' ich's wispern in den Zweigen.
„Lasst uns lindern ihm die Pein
und durch unser Glück ihm Hoffnung zeigen!"

Und so sangen sie die alte Melodie,
wie Liebe leiden muss, bis sie Erfüllung finden kann.
Erschüttert stand ich, und mit einem Mal verstand ich sie.
Das uralt neue Lied - es brach den Bann.

Einfache Kreatur musst es mir sagen,
dass der der liebt, auch immer leiden muss -
und er darf trotzdem nie verzagen,
muss Hoffnung hegen, glauben, bis zum Schluss.

So ging ich denn nach Haus, ganz ruhig - klar.
Mit Engelsstimmen sprach's zu mir:
„Egal was kommt, es ändert nichts bei dir!
Du liebst sie - und nichts anderes ist wahr!"

Nachtfalter

Falter der Nacht,
warum fliegst du zum Licht meiner Lampe?
Weißt du nicht,
dass dieses Helle deinen Tod bedeuten kann?
Kind der Nacht,
warum bleibst du nicht in deiner Dunkelheit?
Aus ihr stammst du, findest in ihr dein Brot,
und taumelst doch dem fremden Licht entgegen,
als könntest du nur dort dein Glück finden.

Es ist, als wärest du
lediglich im B a n n e der Nacht gewesen,
nur gefangen von ihr,
und wolltest nun zurück in die Seligkeit der Heimat.
Du hast ja die Sonne nie gesehen.
Wo du aber ein Licht in der Nacht erblickst,
da erwacht dieser urmächtige Trieb in dir,
und du kannst nicht anders, als daraufzu zu streben. -

Wie du dem Menschen gleichst!

Bückeburg, Herbst

Die Wende

.

Verzweifelt hat er oft im Sturm die Wurzeln eingekrallt.
Ein Bäumchen war er nur, erlahmte bald.
Die Wurzeln rissen, eine hier und eine dort.
So manches Mal glaubt' er, es trüg ihn fort -
und aller Kampf und Widerstand vergebens,
bereitet' ihm der Sturm das Ende seines jungen Lebens.

Doch immer wieder, mit des letzten Wurzelstranges Halt,
gelang es ihm, mit letzter Kraft noch aufzusteh'n,
und eine Pause in des Winds Gewalt
konnt' ihn von neuem Wurzeln fassen seh'n.

Die Zeit verrann, die Wurzeln rissen und begannen wieder ihren Lauf,
und wieder Sturm - und wieder Stille -
und in den Pausen sog er gierig Nahrung auf,
und in den Kämpfen barst ihm schier der Lebenswille.

Und wieder kommt ein Sturm mit ungeheurer Macht -
als wäre er zum letzten großen Todesschlag erdacht! -
Doch siehe da! - Die Wurzeln halten!
Gerade, aufrecht steht er da! - Und alle Sturmgewalten,
die ihn vernichten wollen - s p ü r t e r k a u m .
Er steht - bleibt stehen - denn er ist: E i n B a u m !

Bückeburg, Januar 1963

Wandererschicksal

Wanderer, du kannst nicht mehr?
Wanderer, dir wird dein Pack zu schwer? -
Lang die Straße, ohne Ende.
Müde werden meine Hände
von der Last.
Müde sind die Füße auch,
sehnen, wund von Stein und Strauch,
sich nach Rast.

Wanderer, du gingst sehr weit!
Wanderer, es war sehr lange Zeit! -
Oft, am Rand der Straße Leben,
sah es aus, als wollte man mir geben:
Heimat, Liebe, Glück.
Immer bald jedoch war es damit zu Ende.
Nahm den Wanderstab in meine Hände,
schaute nicht zurück.

Wanderer, du hast sehr viel gesehen!
Wanderer, du mußtest lange gehen,
bis du diesen Ort erreicht! -
Manchmal war sie gar nicht leicht,
diese Wanderschaft! -
Wieder scheint das Glück zu warten,
dort am Rand der Straße liegt ein schöner Garten!
Herrgott, gib mir Kraft!

19

Wanderer, blick nur gradaus!
Wanderer, dort in der Ferne läuft die Straße aus
in die wunderschöne, unbekannte weite Welt!
Warte nur, bis sich dir zugesellt
schönes Mädchen aus dem Garten!
Sieh nicht mehr auf das, was an der Straße steht!
Nur wenn jemand mit dir geht,
musst du nicht mehr warten!

Wanderer, der Weg ist weit!
Wanderer, nutze deine Zeit!
Lege deinen Weg zurück!
Frage nicht: Wann kommt das Glück?
Geh voran!
Nimm dein Herz in beide Hände,
E i n m a l kommt bestimmt die Wende –
i r g e n d w a n n!

Philosophie in Bar

Leise tröpfelt Barmusik,
ein Paar tanzt eng umschlungen.
Die Erinnrung eilt zurück. -
Es wird nicht viel gesungen.

Zart erzählt das Saxophon
von vergangner Liebe. -
Bei zwei Paaren merkt man schon
schlecht verborgne Triebe.

Zweie lieben sich vielleicht,
die mir gegenüber sitzen. -
Wieder hat Musik erreicht,
dass drei Paare schwitzen.

Die dritte Flasche ist nun leer.
Die Liebespaare werden heftig. -
Ich habe keine gute Laune mehr
und gähne viermal kräftig.

Der Rhythmus nimmt an Tempo zu.
Die Paare tanzen wirklich nett.
Jedoch ich wünsch mir meine Ruh -
und geh zu Bett!

Nächtlicher Ruf

Suchend tasten meine Sinne
weit hinaus in nächtlich dunkle Weiten.
Dass die Einsamkeit verrinne,
wollen sie mein Herz geleiten
hin zu dir.

Deine Liebe zu erkennen,
eilen suchend die Gedanken,
wollen immer deinen Namen nennen
und durchbrechen alle Schranken
auf dem Weg zu dir.

Ruheloses, süßes, quälendes Verlangen
läßt mich schlaflos manche Nacht.
Bin so oft mit deinem Bild ins Bett gegangen
und am Morgen dann enttäuscht erwacht,
wusste nichts von dir.

Sag, wo bist du, unbekannte Frau,
die ich lieben kann?
Weiß ich es doch ganz genau,
dass ich sicher irgendwann
find' den Weg zu dir!

Irgendwo

Spruch 2

Du bist niemand, bis jemand dich liebt!

1964

Neujahr

Vor uns liegt das neue Jahr,
wie ein weißes Blatt Papier,
das beschrieben werden will.
Immer wieder ist es sonderbar:
Aus nebelhafter Zukunft wird ein Jetzt und Hier,
und aus Enttäuschung wächst ein neues Ziel.

***

ANNELIESE

1964

Alles Leid dieser Welt lässt sich leichter ertragen,
die schwärzeste Nacht menschlicher Verzweiflung erhellt
sich schneller, wenn man weiß, dass man nicht ganz allein
den dunklen Mächten des Schicksals gegenübersteht.
Wenn man wirkliche Freunde besitzt und ein liebendes Herz
nahe weiß, ist einem so viel Zuversicht und Kraft gegeben,
um selbst die schwersten Kämpfe des Daseins zu bestehen.
Erfährt man dies gerade in einer dunklen Stunde seines Lebens,
so hat man eins der schönsten Geschenke erhalten,
die Menschen je gegeben werden können!

Celle, Februar

Für dich

Wenn ich mit dir zusammen bin,
hat mein ganzes Leben wieder Sinn.
Unbedeutend werden die Gefahren,
die das Schicksal uns entgegenstellt,
schau ich tief in deine klaren
Augen, auf den Grund der Welt.

Wenn ich dich in meinen Armen halte,
und dein Mund auf meinen Lippen ruht,
ist es mir, als sage eine weise alte
Stimme: „Jetzt wird alles gut!" -
Wenn ich ganz und gar erst bei dir bin,
ist das unser beider Leben Sinn!

Karfreitag

Vor zweitausend Jahren, vor Anbruch der Nacht,
da haben sie einen umgebracht!
Einen Mann mit langem lockigen Haar,
er stand wohl im fünfunddreißigsten Jahr.

Er hatte weiter nichts getan,
als gesprochen von der Liebe Macht,
verurteilt den menschlichen Größenwahn
und einen Weg zu Gott erdacht.
Er hatte Hungernden Brot gegeben,
hatte Krankheit und Elend geheilt.
Er hatte verkündet, daß ewiges Leben
den menschlichen Tod übereilt.

Vor zweitausend Jahren, vor Anbruch der Nacht,
da war einer zu r e i n - z u g u t !
Die Menge lechzte nach seinem Blut. -
Man hat ihn u m g e b r a c h t !

Zu dem gleichnamigen Film von Ingmar Bergman:

Das Schweigen

Milliarden Menschen bevölkern die Erde.
Es werden täglich immer mehr.
Sie hasten umher, eine geschäftige Herde,
doch ihr Inneres ist oftmals leer.
Sie jagen eifrig nach Geld und Gut.
Sie arbeiten, denken und halten Ruh.
Sie suchen das Glück mit verzweifelter Wut. -
Du aber - schweigst dazu!

Milliarden Menschen verändern die Erde,
verwandeln sie täglich immer mehr.
Doch sieht man bei vielen die stumme Gebärde
der Einsamkeit, und die Herzen sind leer.
Sie schufen die Technik, den Luxus - Kultur.
Für ihren Geist gibt es kaum ein Tabu.
Es fehlt ihnen meistens an Seele nur. -
Du aber - schweigst dazu!

Milliarden Menschen durcheilen die Erde,
vereinsamen täglich immer mehr.
Sie ersehnen die Zeit, da es lichter werde
und vermissen die Liebe so sehr.
Sie flirten und tanzen und trinken
und tauschen die Körper im Nu,
weil sie glauben, sie müssten versinken. -
Du aber - schweigst dazu!

Frühlingslied

Wie im Felde Knospen springen,
erste Blüten sich entfalten,
liebestrunkne Vögel singen,
alle Tiere Hochzeit halten,
so ist mir ums Herz zumute,
wenn ich unsre Liebe sehe.
Weiß ich sicher doch, du Gute,
dass ich mit dem Glücke gehe.

Als der Winter weichen musste,
Sonne ihn aus seinem Reich vertrieb,
wurde offenkundig, was ich lange wusste:
Auch du hast mich sehr sehr lieb!
Unsre Liebe, sie soll blühen,
wie jetzt alles um uns her,
und sie soll, trotz aller Mühen,
wachsen, wachsen immer mehr!

Celle, Mai

Liebeserklärung

Das sind des Tages schönste Stunden,
wo ich erwarte, dich zu sehn!
Wo klar mir wird, was ich gefunden
und alle Sorgen schnell vergehn.

Das sind des Tages schönste Stunden,
wo wir zusammen durch die Straßen wandern
und deutlich fühlen, wie verbunden
jeder von uns ist mit dem andern!

28

Glückliche Nacht

Du hast mich heute so glücklich gemacht.
Du bist noch so nah bei mir.
Mein Herz wünscht in dieser Sommernacht,
dass es dich nie verlier.

Ich schaue dich immer wieder an.
Alles Böse fällt weit zurück.
Ich tue das Schönste, was ich kann:
Ich glaube an unser Glück!

Heeresflieger-Leutnant Demski-Minssen zum Gedenken:

Auf den Fliegertod eines Kameraden

Was wisst ihr von dem Mann, den ihr betrauert,
die ihr da sagt, sein Leben hat nicht lang gedauert,
die ihr da steht und seinen Tod so schrecklich findet,
die ihr vor Schmerz vergeht, weil euch so vieles an ihn bindet?

Was wisst ihr von der Sehnsucht, die er spürte,
dem Vogel gleich sich in die Luft zu heben,
was von dem Weg, der ihn bis hierher führte,
den er beschritt in hoffnungsvollem Streben?

Was wisst ihr von den vielen Stunden,
die v o r dem Wissen um d i e Dinge liegen,
die Menschen, von Natur aus erdgebunden,
d o c h fähig machen, durch die Luft zu fliegen?

Was wisst ihr von der Zeit der harten Mühen,
in einem fremden Element zu lernen,
mit der Maschine aller Erdenschwere zu entfliehen
und aufzusteigen zu den unbekannten Fernen?

Was wisst ihr von dem stolzen jungenhaften Lachen
um seinen Mund, als er zum ersten Mal allein
und heil zurückgekehrt - und von dem tausendfachen
Glücksgefühl, als ihm bescheinigt wurde, nun Pilot zu sein?

Was wisst ihr von der göttlich großen Einsamkeit
und jenem herrlich siegesstolzen Fühlen,
die in ihm waren, wenn durch Raum und Zeit
er schwebte - hin zu fernen Zielen?

Was wisst denn ihr von jenem weiten Horizont?
Die meisten von euch können ihn nie sehen,
wenn sie auch hundert Jahre durch das Leben gehen.
Doch er - mit fünfundzwanzig - er hat es gekonnt!

Was wisst ihr denn vom ständigen Begleiter Tod,
den jeder Flieger besser kennt als ihr? -
Und eine letzte Frage stellt sich grade hier:
„Was wisst ihr denn von Gott?"

Auf allen Bahnhöfen

Auf allen Bahnhöfen hat die Zeit
einen ganz besonderen Schritt.
Man geht und kommt von nah und weit,
und mancher kommt nicht mit.

Auf allen Bahnhöfen scheint die Uhr
verschieden schnell zu gehn.
Manch einer wartet Minuten nur,
und mancher bleibt lange stehn.

Auf allen Bahnhöfen ist es so:
Der Abschied wird einem schwer.
Daneben steht dann ein anderer, froh
über der Liebsten Wiederkehr.

Auf allen Bahnhöfen kommen und gehen
die Züge von fern und von nah.
Und manchmal steht einer mit wehen
einsamen Gedanken da.

Celle, August

Über die Nacht

O, wunderbare einsame Stunden der Nacht, in denen man beim trauten Schein einer Lampe sitzen und denken kann.
Alles im Haus ist ruhig.
Nur ab und zu kommt leise und einsam ein Geräusch von irgendwo her, das von der nie endenden Tätigkeit der Menschen kündet. Aber die Geräusche sind selten, gleichsam nur dazu bestimmt, einem das Bewusstsein zu geben, dass man nicht allein auf der Welt ist.

Das Licht der Lampe fällt auf das Papier und grenzt einen kleinen intimen Kreis vom übrigen Raum ab. Es hält die Gedanken fest und zwingt sie dazu, beisammen zu bleiben. Nur auf das Papier können sie entweichen.
Alle Probleme des Tages setzen sich langsam ab, wie der Schlamm auf dem Grunde eines zur Ruhe gekommenen, vormals aufgewühlten Gewässers.
Der Geist wird klarer, wie das Wasser über dem absinkenden Schlick.
Man kommt zur Besinnung über sich selbst und vieles, was einem im Getriebe des Tages verwaschen und unklar blieb.

Wunderbare ruhige Stunden der Nacht, die so viele Menschen einfach verschlafen, ich möchte sie nie missen!

Irgendwo schlägt eine Kirchturmuhr.

Das Schnaufen einer Lokomotive verklingt in der Ferne.

Ich - sitze und schreibe!

Geburtstagsgeschenk

Ich bummelte nachmittags durch die Stadt,
zu prüfen, was sie zu bieten hat
zu meiner Liebsten Geburtstagsfest.
Sah alles, was sich kaufen lässt:

Gartenzwerge und Plastikblumen,
Whiskygläser und Kuchenkrumen.
Babypuder, Fasanen, Zitronen,
garantiert afrikanische Kaffeebohnen.

Golddukaten, Perlen, Tomaten,
Perserteppiche, Entenbraten.
Hummelreisen, Verhütungspillen,
Bilderrahmen und Sonnenbrillen.

Doch all diese vielen verschiedenen Sachen
will ich ihr nicht zum Geschenke machen. -
Ich werde ihr schenken zu diesem Fest:
Meine Liebe, die sich n i c h t kaufen lässt!

Darauf ging ich ins nächste Blumenhaus
und „kaufte" einen großen Rosenstrauß...

Celle, August

.

LIEBESSPIEL

.

WEIB

LIEBES WEIB

-

MEIN LIEBES WEIB

--

BIST MEIN LIEBES WEIB

DU BIST MEIN LIEBES WEIB

DU BIST MEIN LIEBES

--

DU BIST MEIN

-

DU BIST

DU

WIE DAS LEBEN SO SPIELT

Wunstorf, November

Gefangen

Kahler Wände Geviert. -
Nackt der Glühbirne Licht. -
Freiheit, die man verliert. -
Die Sehnsucht verliert man nicht!

Sehnsucht nach herbstlichen Wäldern
mit guter gesunder Luft,
nach frisch gepflügten Feldern
mit ihrem herben Duft.

Sehnsucht nach quirlenden Städten
unter dem Sonnenschein,
oder nach zärtlichen späten
Liebesstunden zu zwein.

Sehnsucht nach stillem Verstehen
liebender Menschen zu Haus
macht alle Hoffnung vergehen,
bleiben die Briefe aus.

Am Fenster Gitterstäbe. -
Stunden, die schleppend vergehn. -
Manchmal ist es, als gäbe
es niemals ein Wiedersehn.

Weihnachtszeit

Geboren im Stall,
Hoffnung der Welt.
Die Menschen geliebt,
sich selbst gequält,
um sie besser zu machen
als sie sind.
Gelitten und ans Kreuz gestellt.
Elend gestorben ...
Menschenschicksal !

Ernste Weihnacht

Sie preisen dich heut' in Chorälen,
dem Tag, da du in die Welt getreten.
Doch hätten sie heute wieder zu wählen
vor Pontius Pilatus -
sie würden dich wieder töten !

Als du lebendig auf Erden gewandelt,
wie hat man dich übel behandelt.
Dein liebend' Menschenherz, man sah es nicht !
Vor Pontius Pilatus
hielten sie über dich Gericht.

Du bist auf die Erde der M e n s c h e n gekommen !
Zu Bethlehem, bei der Geburt Fanfaren, mein Kindlein,
ist alles schon vorweggenommen:
Der Pontius Pilatus -
und das andere - heut' wie vor zweitausend Jahren.

Möge es einmal so sein, wenn du wiedergekehrt,
daß die Menschheit dann rein
deine Lehre lehrt.
Vielleicht -
heute in zweitausend Jahren.

Celle, März

Ein Stück Unendlichkeit

Eine Sonne mit neun Planeten
am Rande der Galaxis -
unbedeutend!

Einer der neun Planeten,
der dritte, von Sol aus gerechnet -
unbedeutend!

Eine von vielen Lebensformen,
denn der dritte Planet hat viele -
unbedeutend!

Einer von vielen Menschen des dritten Planeten,
„E r d e" nennen sie ihn -
unbedeutend.

Eines von vielen Gefühlen des Menschen,
„G l ü c k" heißt es -
u n b e d e u t e n d ?

Auf den Tod der Schwiegermutter und die kurz bevorstehende
Geburt der Tochter:

So lange ...

Was ist das Erlöschen eines Sterns,
solange zur gleichen Sekunde im All
ungezählte neue entstehen?
Was ist der Tod eines Menschen,
solange in der Stunde seines Todes
hundert Kinder das Licht der Sonne erblicken?

Solange immer dann, wenn ein Mensch seinen Geist aufgibt,
an anderen Orten viele Seelen erwachen,
nach Vollkommenheit streben,
Liebende einander geben,
Wissenschaftler den Weg zu den Sternen suchen,
um ihn schließlich zu finden,
Fehler gemacht und Fehler korrigiert werden,
Flugzeuge fliegen, Bäume wachsen,
Priester predigen, Ideen ringen,
Lieder erklingen,
Pioniere wagen,
Kleinmütige verzagen,
Turbinen sich drehen,
Winde wehen,
Sünder bereuen,
Kinder sich freuen,
Zweifler fragen,
Herzen schlagen ...

S o   l a n g e   wird die Menschheit bestehen!
S o   l a n g e   werden wir unsterblich sein!

Drama

Prolog:
Muse, wenn du eine Hure bist,
wär ich schon längst von dir geküßt,
denn ich bin besoffen wie ein Schwein,
so sollen die Männer bei Huren sein.

1. Akt:
Das Leben beginnt mit viel Elan,
viel Idealen und so ...
Doch später denkt man oftmals dann:
„Ihr könnt mich alle am Po ...!"

2. Akt:
Der Jüngling hat viel Großes im Sinn,
ist rein und will die Welt bereinigen.
Dem Manne schwindet bald alles dahin,
ihn schaffen schnell die Seinigen.

3. Akt:
Das Leben fängt an mit 'nem Höhenflug,
der Sonne kommt man recht nah. -
„Ikarus! - Ikarus! - Jammers genug ..."
Plötzlich liegt man zerschmettert da.

Epilog:
„Von Erde bist du gekommen,
zu Erde sollst du werden ...!"
Das hat mir einer vorweggenommen -
an ihn gehen alle Beschwerden!

Auf die Nachricht vom plötzlichen Tod eines guten Kameraden:

Glücklicher

Wohl dem, der schon in jungen Jahren,
grad während des Erfolgs Fanfaren,
auf seinem Höhepunkt dahingerafft.
Der hat den wahren Sieg geschafft.

Er braucht nicht mehr zu sehen,
wie sein Werk zerbricht,
kennt nicht langsames, faulendes Vergehen. -
Er kennt die Niederlage nicht!

<u>Kleine Science-Fiction-Trilogie, 1. Teil:</u>

Was der Botschafter aus dem All über die Menschen denkt:

Welch ein Geschlecht

Welch ein Geschlecht! - Dem Tiersein kaum entronnen.
Noch stark und unbewusst vital,
wird es besiegen alle gottgewollte Qual!
Am Ende aller Tage wird es buchen: „Schlacht gewonnen!"

Kleine Science-Fiction-Trilogie, 2. Teil:

Was der Botschafter aus dem All aus dem Munde der Menschen hört:

Abfuhr

Gib auf, du Wesen einer andern Welt!
Wir haben uns zu dir nicht zugesellt!
Wir schreien, wenn du bei uns bist
und fallen nicht auf deine List!

Wir wollen bleiben, wie wir nun mal sind:
Stupide, gierig, lüstern - groß und klein,
klug, sieghaft - voller Not und Pein!
Das sage i c h dir, ich, das Menschenkind!

Geh fort, in deine ferne Heimat weit,
in der ihr göttergleich harmonisch seid.
Wir sind noch wilder, als ihr alle denkt!
Nicht unsre Schuld, nur dessen, der das Weltall lenkt.

Wir gehen einen andern Weg,
durch Krieg und Missgunst, Glück und Not,
und - glaub mir - seid ihr lange tot,
dann haben wir im All das Privileg!

<u>Kleine Science-Fiction-Trilogie, 3. Teil:</u>

Was der Botschafter aus dem All nach Hause übermittelt:

Heimweh

Diese „Erde" ist mein Haus,
ihr habt es mir bestimmt.
Doch ich schau in die Ferne aus,
wo unter abertausend Sonnen glimmt:
m e i n H e i m a t s t e r n .

Wo wir - Jahrtausende zurück,
endlich erkannten: „Das ist Glück!"
Ich habe h i e r zu wirken! Alle Zuversicht
zu Hause hängt jetzt ab von meinem Bericht. -
O, Heimat! - Wie bist du fern!

Celle, Juli

Schwerer Tag

Schwül ist der Tag,
und alles Unglück in uns wühlt und schmerzt.
Schwer ist der Tag,
und dunkle Wolken ziehen
und können sich von ihrer Last doch nicht befrein.
Ich fühle mich so schwer,
grad wie die Wolken über mir
und kann doch nimmermehr
so frei wie damals sein!

Es muss so sein !

Ich sehe:
Bücher, die andere geschrieben haben.
Häuser, die ich nicht gebaut habe.
Bilder, die nicht von mir gemalt sind.

Ich höre:
Eine Uhr tickt, die ich nicht erdachte.
Sie spricht vom Verrinnen einer Zeit, die ein anderer schuf.
Aber sie verrinnt auch für mich,
also ist sie auch m e i n e Zeit!

Ich denke:
Gedanken, von denen ich nicht weiß,
ob sie nicht schon vor mir ein anderer gedacht hat.
Da ich nicht weiß, ob jemand anderer gleich dachte,
muss ich annehmen, daß diese Gedanken m e i n e sind.
Also denke ich m e i n e Gedanken!

Ich lebe:
Ein Leben, das mir ein anderer gab. -
Er gab es mir - ja - aber leben muss i c h es.
Also lebe ich m e i n Leben!

Ich schreibe:
Auf ein Papier, was ich nicht hergestellt habe.
Aber dieses Papier war vorher leer.
Jetzt stehen Gedanken darauf, die nur i c h dachte.
Also schreibe ich m e i n e Gedanken! -

Die Bücher sind vergebens geschrieben, wenn i c h sie nicht lese.
Die Häuser sind vergebens gebaut, wenn i c h sie nicht bewohne.
Die Bilder sind vergebens gemalt, wenn i c h sie nicht betrachte.
Die Uhr tickt nicht, wenn i c h sie nicht aufziehe.
Aber die Zeit verrinnt, auch wenn ich es nicht will.
Die Gedanken denke ich, auch wenn ich es nicht will.
Leben muss ich, auch wenn ich es nicht will.
Schreiben muss ich, auch wenn ich es nicht will.

Also werde ich:
Die Bücher lesen, damit sie nicht vergebens geschrieben sind.
Die Häuser bewohnen, damit sie nicht vergebens gebaut sind.
Die Bilder betrachten, damit sie nicht vergebens gemalt sind.
Die Uhr aufziehen, damit sie tickt.

Also muss ich:
Die Zeit verrinnen sehen -
denken - -
leben - - -
schreiben!

Trunkenheit

Der Mensch hat wirksame Narkotika,
die ihn zeitweilig sein Menschsein vergessen lassen.
Ich habe sie benutzt.
Ich bin jetzt ein Tier,
welches das Bedürfnis nach Schlaf verspürt -
sonst nichts!
Jetzt bin ich unschuldig,
jetzt bin ich ungequält.
Jetzt kenne ich kein Leid mehr.
Jetzt passe ich in diese Welt.
Jetzt bin ich -
wie alles hier -
p r i m i t i v !

Bückeburg, Oktober

Nach der Operation

Der brüllende feindliche Schmerz ist vorüber -
durch den Schnitt geschickter Chirurgenhände besiegt.
Was im Erwachen aus wohltuender Narkose bleibt,
ist schmerzender Neubeginn,
ist sauber besiegter Tod. -
Schwach und weh liegt noch der Körper,
einem Embryo gleich,
im Prozess der Heilung. -
Man liegt
und lauscht dem Wirken des sieghaften Lebens,
wie es Zelle an Zelle fügt
und baut -
und reinigt -
und sacht -
die Wunde schließt.

49

Wie ein Blues:

John F. Kennedy

Ein Lied erklingt,
ein Lied voll Schmerz;
wo man es singt
rührt es das Herz -
in den großen Städten des Nordens,
auf den Baumwollfeldern des Südens:

Ein junger Mann im Weißen Haus,
wir haben ihn alle gekannt,
zog für u n s in die Welt hinaus,
nicht nur für sein eigenes Land.

Ein Lied erklingt,
ein Lied voll Schmerz;
wo man es singt
rührt es das Herz -
auf den Gipfeln der Berge,
in den Stollen, tief unter der Erde:

Ein junger Mann in hohem Amt,
wir haben ihn alle verehrt.
Er hat uns Menschen allesamt
Wahrhaftigkeit gelehrt.

Ein Lied erklingt,
ein Lied voll Schmerz;
wo man es singt
rührt es das Herz -
in den Gärten der Millionäre,
an den Lagerfeuern der Hirten:

Ein junger Mann der neuen Zeit,
wir haben ihn alle geliebt.
Er hatte sein Leben u n s geweiht -
und wurde von Mörderhand durchsiebt.

Ein Lied erklingt,
ein Lied voll Schmerz;
wo man es singt
rührt es das Herz -
bei Männern und Frauen
in aller Welt:

Ein junger Mann mit weitem Blick
wird ewig in uns leben.
Sein grader Weg zum Menschenglück
ist unser aller Streben.

Wie ein Soldatenlied:

Du lebst !

Präsident Kennedy -
der du jung warst, wie wir!
Präsident Kennedy -
wir stehen hinter dir!

Man wollte dich morden -
das gibt es nicht!
Du warst! - Du bist!
Das ist uns Pflicht!
Was wären wir ohne dich geworden?

Es steht in der ganzen Freien Welt
eine junge Generation,
die, allen finsteren Mächten zum Hohn,
d e i n e n Geist lebendig hält.

Du kannst nicht sterben, solange wir sind!
So lange wir leben, lernt jedes Kind:
„UNSERE ZUKUNFT IST -

J O H N F. K E N N E D Y !"

Zum Jahreswechsel

Das alte Jahr schleicht sich davon -
es war auch etwas ältlich schon.
Das neue Jahr tritt hoffnungsvoll herein.
Mit Böllerschüssen, Sekt und Wein
versuchen wir, die Zukunft zu ergründen. -
Zwecklos! -
Es wird von selbst sich alles finden!

Heilloser Tag

Dieser Tag ist nicht wert, gelebt zu werden!
Er begann mit sinnlosem Hass,
mit allem, was des Teufels ist.
Ich will diesen Tag nicht haben!
Ich lehne ihn ab!
Ich will nicht!
Ich lehne ab!

Dieser Tag ist wert, vergessen zu werden!
Er begann ohne Liebe!
Er begann ohne Menschentum!
Ich bin kein stumpfsinniges Tier,
ich bin ein M e n s c h , das höchste aller Lebewesen!
Ich lehne diesen unmenschlichen Tag ab!
Ich lehne ab!

Kreiskrankenhaus Großburgwedel, Oktober

Nach einem schweren Autounfall:

Manchmal

Ich möchte manchmal wieder nur ein kleiner Junge sein,
der weinen darf, wenn ihn ein Unglück plagt.
Ich kehrte manchmal gern in einem andern Menschenherzen ein,
das wissend ist, auch wenn man gar nichts sagt.

Ich möchte manchmal wieder richtig lachen
und restlos glücklich sein und Gründe dafür haben;
mir wieder jene ungestüme Hoffnung machen
auf weltbewegend große Dinge, Taten, Gaben.

Ich möchte manchmal wieder eine Zeit erleben,
die mit Begeisterung zur Wahrheit drängt.
Wo alle der gerechten Sache ohne Egoismus geben,
und niemand nur an seinen eignen Wohlstand denkt.

Ich möchte manchmal wieder treffend schreiben,
was die Erkenntnis oder mein Gefühl mir geben.
Vor allem dürfte das dann nicht nur Stückwerk bleiben! -
Ich möchte manchmal wieder wirklich richtig leben!

Celle, Dezember

Zwischen den Jahren

Entscheidende Wende zwischen den Jahren.
Es ist fast so, als ob etwas vergeht:
Die Ideale, die einmal so wichtig waren
und deren Grund man später erst versteht.

Entscheidende Phase im Menschenleben.
wenn eine lange Lehre zum Abschluss kommt.
Erkenntnis, Erfahrung beginnen zu geben,
was einem wirklich und letztlich frommt.

Entscheidende Nacht in Dezembertagen,
in der man wach bleibt, um zu begreifen,
dass nur allein das menschliche Wagen
Voraussetzung ist, dass Gedanken reifen.

Gedanken - Gefühle - zwischen den Jahren -
versprechen so viel - soviel Hoffnung und Glück. -
Wir sind nicht mehr, was wir einmal waren -
aber: Zuversicht bringt die Jugend zurück!

***

TOD DER MUTTER

1975

Mein letzter Brief an Dich !

„Ich werde Weihnachten wieder bei dir sein!",
hast Du gesagt, als ich zum Zug Dich brachte diesen Mai.
So vieles hatten wir besprochen, wie in alten Tagen,
auf diesem Weg. - Wir waren uns wieder so nah! -
Dann fuhr der Zug, ich stand allein,
sah lange Deine Tränen und spürte Deine Hand dabei.
Wollt' Dich nicht lassen, hatte lauter Fragen.
Dein winkend' Tüchlein war das letzte, was ich sah.

Nun bist Du s o weit fortgegangen,
und nichts bringt Dich zu mir zurück -
und immer denke ich mit Bangen:
„Mit Dir ging alles Glück!"

Ich habe Dich „gehört" in Deiner Todesnacht,
den Abschiedsruf, die Liebe, Sehnsucht, Deinen Schmerz.
Ich hab' von fern an Deinem Sterbebett gewacht,
und Deine Qualen peinigten mein Herz.

Ich kann nicht glauben, daß wir nicht mehr beieinander sind.
Du bist auch heute noch bei mir, wie vorher all die Jahre schon.
Ich fühle mich noch immer als Dein Kind,
und Du bist immer noch in Sorge über Deinen Sohn.

Du bist noch hier, auf eine wundersame Weise,
nur ich im Dunkel und Du jetzt im Licht,
und meine Bitte dringt zu Dir ganz leise:
„Meine einzige Mutter - verlass' mich nicht!"

Steinhorst, Februar

Auf den Tod der Mutter:

Nie wieder

Nie wieder werden wir uns sehen
in diesem Leben,
das uns so viel gemeinsam gute Stunden gab.
Nie wieder wird mich jemand so verstehen
in diesem Leben,
wie du das konntest - bis ins Grab.

Nie wieder werden wir so viel erzählen
in diesem Leben,
bis in die lange späte Nacht hinein.
Nie wieder wirst du dich mit meinen Sorgen quälen
in diesem Leben.
Das muss ich nun allein.

Nie wieder werd ich diese Liebe spüren
in diesem Leben,
die immer gab und nie genug dafür bekam.
Nie wieder werd ich nun verlieren
in diesem Leben:
Die Sehnsucht nach dir - und all den Gram.

***

DAS LEBEN GEHT IMMER WEITER

Steinhorst, Juni

Verfehltes Leben

Kindheit:
Sehnsucht, zu werden, wie die Erwachsenen sind,
im Spiel die Welt entdecken im guten Elternhaus,
kaum beachtet des Krieges Wind,
so sah ich in die lockend unbekannte Welt hinaus.

Jugend:
Erleben, wie Geist und Körper erwachsen werden,
erfahren von erstem Menschenglück,
erstreben von großen Zielen auf Erden,
so ging ich vorwärts, schaute nicht zurück.

Gestern:
Begabung war genug vorhanden,
so wie die Lust, das Größte zu bezwingen
und Glaube, dass, mit Liebesbanden,
es möglich sei, fast alles zu erringen.

Heute:
Können ist genug erworben,
man kann sich über Wasser halten;
jedoch die Nächsten und die Liebe sind gestorben,
und alle heißen Wünsche beginnen zu erkalten.

Morgen:
Die Sehnsucht, Großes zu leisten, wird vergehen.
Begabte Hoffnung versinkt in Mittelmäßigkeit -
und irgendwann bleibt alles plötzlich stehen -
und meine letzte Spur verweht die Zeit.

Steinhorst, Februar

Sorgenvolle Nacht

Nacht ist es,
und alles schläft im Haus.
Nur ich bin wach
und mühe mich.
Das Geld für morgen zu beschaffen.
Still ist es,
und die Gedanken brechen aus.
Nur ich bin wach
und mühe mich
für meinen Lebenskampf um neue Waffen.

Nacht ist es,
und das Radio tönt leise durch den Raum.
Auch die sind wach
und mühen sich,
mir meine Einsamkeit vertreiben.
Spät ist es,
auch im Leben - und ich merk' es kaum -
und bin noch wach
und frage mich,
wo die Erfolge bleiben.

Nacht ist es,
und die Sehnsucht greift mich an.
Noch bin ich wach
und fühle mich
von Gott und aller Welt verlassen.
Was ist es,
das ich nicht erreichen kann? -
Bin ich noch wach?
Oder beginne ich,
meine letzten Chancen zu verpassen?

Harte Schule

Ich habe stetig mich bemüht,
ein guter Mensch zu sein,
und immer erst gefragt:
„Was haben andere für Sorgen?"
Doch all das führte, wie man sieht,
für mich zu immer neuer Pein;
und niemals hat man mir gesagt:
„Du bist bei mir geborgen!"

Man hat sich ständig nur gefallen lassen,
was ich aus Güte geben mußte
und meine Fähigkeit aus mir herausgesaugt
und meine Liebe hingenommen.
Und immer dann begann man mich zu hassen,
wenn ich mal nicht mehr weiter wußte.
War ich mal restlos ausgelaugt,
ist Hilfe mir von nirgendwo gekommen.

Ich habe heute mich gefragt,
was ich denn machen kann,
um einfach nur zu überleben
in dieser Welt von Wölfen;
und die Erfahrung hat zu mir gesagt:
„Wenn man dich schlagen will, ja dann
mußt du die Schläge einfach wiedergeben -
sonst wird dir keiner helfen!"

Elegie

O, diese Einsamkeit,
die das Leben mir bringt
inmitten der Menschen ohne Zahl.
O, diese Einsamkeit,
wenn das nächtlich zarte Lied erklingt
im Rundfunk, und mir bleibt nur Qual.

O, dieser Schmerz,
dass mich die Nächsten nicht verstehen
in meinem Bestreben.
O, dieser Schmerz
über das Vergehen
der besten Gefühle in diesem Leben.

O, diese Angst,
die uns ein Leben lang begleitet,
was immer wir versuchen.
O, diese Angst,
die uns den Weg bereitet,
alles, was uns hier bindet, zu verfluchen.

O, dieser Tod,
der schon in jedem Anfang liegt
von Leben, Hoffnung, Liebe.
O, dieser Tod,
der immer letzten Endes siegt,
wenn er doch endlich auf der Strecke bliebe!

Mein Sonnabendsfest

Mein Sonnabendsfest heißt Einsamkeit,
heißt, alles, was die Woche mir gebracht
und was zu verarbeiten ist,
das muß ich alles heute Nacht
verdauen, wenn's auch schwierig ist
in d i e s e r Einsamkeit.

Ich bin allein,
trotz aller familiären Bande,
die mir scheinbar Geborgenheit geben.
Es ist eine himmelschreiende Schande,
daß ich so kämpfe in diesem Leben -
und bin allein.

Mein Sonnabendsfest heißt Einsamkeit.
Ich bin allein,
wie jedes Wochenende.
Ich möchte schrei'n:
„Wo bleibt denn nur die Wende
zur festlich angemessen' Zweisamkeit!"

Morgendämmerung

Der Morgen dämmert,
was bringt nun wohl der neue Tag?
Das Herze hämmert -
hab nicht bekommen, was ich mag!

Der neue Morgen dämmert aus der Nacht,
und neue Hoffnung füllt das Leben.
Mein Tagwerk ist erst jetzt vollbracht,
und ungesättigt ist mein Streben.

Die Nacht vergeht im neuen Morgen,
die neue Chance kommt auf mich zu.
Ich mache mir, wie immer, Sorgen,
ob alles richtig, was ich tu.

Der neue Tag beginnt
mit allem Kampf, der da hinein gehört.
Der eine scheitert, der andere gewinnt. -

Ich hoffe nur, dass mir das letztere gewährt

Meine Beerdigung

„Was hat er von seinem Leben gehabt?",
wird man fragen, wenn ihr mich begrabt:

Ein bisschen Kinderglück im guten Elternhaus,
ein bisschen Lob während der Schülerjahre,
ein bisschen hoffnungsvoll dann in die Welt hinaus,
ein bisschen Wissen um das Wahre.

Das bisschen Glaube an die große Liebe,
das bisschen Angst, wie es wohl weitergehen sollte,
das bisschen Zuversicht in all dem Getriebe,
dass es so werden würde, wie ich wollte.

Ein wenig Hoffen, Großes zu vollbringen,
ein wenig Sehnen nach menschlicher Harmonie,
ein wenig Erfolg in kleinen Dingen,
ein wenig mitgebrachte Phantasie.

Zu wenig Heimat, die ich meinte,
zu wenig Liebe mir entgegenkam,
zu wenig Tröstung, wenn ich weinte,
zu wenig Glück und zu viel Gram.

Zu viel von Sehnsucht und Verlangen,
zu viel der Trennung von den Lieben,
zu viel der Freude ist gegangen,
zu viel der Wunden sind geblieben!

D a s habe ich von meinem Leben gehabt -
wird euch klar sein, wenn ihr mich begrabt!

Steinhorst, Februar

Rosenmontag

Aus dem Radio klingt die ausgelassene Freude.
Melodien, so oft im Kreise der Familie gehört.
Ich sitze allein -
in einem toten Haus.
Ich sitze vor einer toten Ehe.

O, ihr Vorfahren, wie wäre es lustig,
wenn ihr alle noch lebtet!

Ich sitze hier,
einer der Letzten,
am Ende der Zeit.
Ihr seid dahin -
mit euch ging die Freude.

Ich bin übrig -
es will keine Stimmung mehr aufkommen. -
Ihr seid dahin -
mit euch ging die Liebe.

Ich sitze hier und höre die Freude der Menschheit.
Ich sitze hier, in einem toten Haus.
Ich wünschte, ich könnte zu euch hinaus -
vielleicht gibt es dort noch -
e c h t e   F r e u d e .

Steinhorst, August

Familie Deubner ins Gästebuch:

Das Haus am Wald
(Philemon und Baucis)

Immer für alle eine Insel der Geborgenheit
in den Wogen der Zeit.
Ein Nest für Eure Kinder,
von dem sie ausflogen in die Welt;
in das sie wiederkehrten nach langem Flug,
um auszuruhn.
Jeder, der das Haus wiedersieht -
und Euch -
nimmt etwas mit von dieser H e i m a t ,
von diesem g u t e n G l ü c k ,
das Ihr so wunderbar geschaffen habt. -
Wer seine Beine unter Euren Tisch gesetzt hat,
weiß wieder, was S e g e n ist:
Eure Kinder -
und -
der Gast.

1981

Steinhorst, November

Einsamer Herbst

Einsame Arbeit ist vollbracht
der Körper schon müde, der Geist noch wach,
die Uhr zeigt drei Uhr in der Nacht.
Ich denke über mein Leben nach:

Alle schlafen, das Haus ist still,
draußen scheint es recht kalt zu sein.
Ich kann es drehn und wenden, wie ich will,
seit langem bin ich sehr allein.

Sommer und Wärme sind gegangen,
genau so, wie die Jugendzeit.
Geblieben ist nur das Verlangen
nach freudig liebevoller Zärtlichkeit.

1 9 8 2

Wir waren damals 17 Jahre alt:

17. Juni 1953

Der Tag war sonnig und heiß. -
Wir gingen Hand in Hand
mit vielen Tausenden,
die Stimmen heiser
vom lauten Ruf nach Freiheit,
durch die Straßen der erwachenden Stadt -
damals, im Juni.

Der Tag war sonnig und heiß. -
Wir warfen verhasste Symbole in den Staub,
mit vielen Tausenden,
die Gesichter strahlend
vom Glauben an unseren Sieg,
in den Straßen der kämpfenden Stadt -
damals, im Juni.

Der Tag war sonnig und heiß. -
Ich habe Dich zum ersten Mal geküßt,
mitten unter Tausenden.
Du warst für mich all das,
woran wir glaubten,
in den Straßen der glücklichen Stadt -
damals, im Juni.

Der Tag war sonnig und heiß. -
Die Panzer jagten uns in die Häuser,
zusammen mit vielen Tausenden.
Die Herzen zornig und wild,
erschienen wir aber immer wieder
in den Straßen der trotzigen Stadt -
damals, im Juni.

Der Tag war sonnig und heiß. -
Die Kugel traf Dich - zufällig,
inmitten von Tausenden.
Im Laufen noch, entglitt mir Deine tote Hand.
Es war sehr kurz - das Glück
in den Straßen der sterbenden Stadt -
damals, im Juni.

Der Tag ist sonnig und heiß. -
Ich trete heute an Eure Gräber,
mit einigen Tausenden.
Wir versprechen Euch:
Wir werden darüber wachen, dass man n i e vergißt
in den Straßen der freien Stadt:

D A M A L S , D E N   J U N I !

BRIEFE AN SYLVIA

1983

Brief nach zwanzig Jahren

In dieser Neujahrsnacht hat mir geträumt,
wir hätten beide unser Lebensglück versäumt.
Ich suchte plötzlich überall nach Dir.
Mit leisem Heimweh, nach so vielen Jahren,
erschien das nie vergessne Bild vor mir,
wie wir doch anfangs so sehr glücklich waren,
in Deiner großen schönen Heimatstadt -
wenn es auch nicht sehr lang' gedauert hat.

Ich träumte weiter, dass ich Dich dann fand.
An einem fremden Ort, in einem unbekannten Land,
bist Du auf einmal auf mich zu gekommen.
Erschüttert habe ich gestanden - ohne Mut,
als Du mich unter Tränen in den Arm genommen
und dann gesagt hast: „Jetzt ist alles gut!"
Des Traumes Ende war ein langer zarter Kuss -
wovon ich dann wohl aufgewacht sein muss.

Volksmund besagt, was man um Neujahr träumt, wird wahr.
Ich fand, erwachend, diesen Traum so wunderbar,
daß ich begann - nun in der Wirklichkeit -
zu forschen, was aus Dir geworden. -
Jedoch, das dauerte so seine Zeit,
bis ich - dann wieder in Hannovers Norden -
endlich gelangt' vor Euer altes Nachbarhaus. -
Dort fand ich schließlich etwas über Dich heraus:

Ich hörte, dass Du geheiratet in den Süden
und jetzt drei Kinder und wieder geschieden,
vom Umzug der Deinen zum Bodensee -
und dass der Michael gegangen ist -
und einiges andere Ach und Weh -
und dass Du wohl sehr tapfer bist.
Das alles hat mir nur die Nachbarin gesagt,
viel lieber hätt' ich D i c h danach gefragt.

Hab' an Matthias nun geschrieben und seine Antwort liegt vor mir.
Das ist nun, je nach Deinem Belieben, die letzte Brücke zu Dir.
Mein Leben ist a u c h nicht immer gut gegangen -
die Eltern sind nun längst im Grabe -
und ich - von Einsamkeit umfangen,
obwohl ich Frau und Tochter habe.
Die Fliegerei, mein zweites „Ich", vermiß' ich sehr -
und eigentlich, wenn ich ganz ehrlich bin, noch mehr!

Noch vieles möchte ich mit Dir besprechen -
weiß nicht, warum - es ist ja kein Verbrechen! -
Hüll' Dich nun bitte nicht in Schweigen und schreib' an mich!
Ich weiß ja doch genau inzwischen, dass es Dich noch gibt! -
Was ist denn daran eigentlich so schlimm, wenn Dich
nach zwanzig Jahren - einer noch ein wenig liebt? -
So vieles noch, in diesem Leben, möchte ich Dir sagen!
Und Du? - Hast Du an mich denn keine Fragen?

PS.

Wenn Du aber weder findest Brief noch Wort
für mich, weil Du glaubst, ich war z u lange fort -
will ich still durch meine Heide gehen,
bis zum Ende meiner Tage -
und wir werden uns n i e w i e d e r sehen -
keine Briefe mehr und keine Frage. -
Und auf einmal ist es dann soweit...
und die letzte Spur verweht die Zeit.

Dann wird dieser Brief mein letzter an Dich sein,
auf dieser Welt, in dieser Zeit - bin dann erst ganz allein. -
Doch wenn wir einst hinübergleiten müssen,
dorthin, wo Michael jetzt ist -
werd' ich Dich, wie im Traume, innig küssen,
wenn Du angekommen bist.
Drüben werden wir vielleicht - immer beieinander bleiben,
brauchen dann gewiss nicht mehr - unbequeme Briefe schreiben.

Der alte Notizkalender

Im Grunde war es damals nur ein Jahr:
Nach der Tanzstunde unser „wildes" Briefeschreiben,
das war von Februar bis Mai.
Dann kam das Wiedersehen, das so glücklich war!
Dann konnt' ich meistens nur zum Wochenende bleiben -
und so vergingen Juni und Julei.

Verlobung wurde schnell gemacht,
wir wollten beieinander bleiben.
So kam August und auch September.
Nicht lange hat für uns das Glück gelacht.
Du schienst auf einmal von mir fort zu treiben.
Das bittre End' begann dann im November.

Es zog sich dann noch etwas hin,
mit Qualen, Trotz, vergeblichem Bemühen.
Du wolltest Deine Freiheit haben.
Obwohl ich tausendmal gestorben bin,
ließ ich Dich endlich ziehen
und war danach gleich wie begraben.

Im Notizkalender von jenem Jahr
konnt' ich das alles heute wieder lesen
und sitze immer noch dabei.
Und plötzlich scheint es mir - wie sonderbar -
als wär' es gestern erst gewesen,
obgleich es zwanzig Jahr' vorbei.

Wenn ich Dir heute wieder schreibe,
als reifer Mann, nach dieser langen Zeit,
so denke bitte nicht zu schlecht von mir.
Vielleicht sucht nur die Seele eine Bleibe
und ist in großer Einsamkeit -
und hofft auf etwas Trost von Dir.

Steinhorst, Februar

Damals, als Du von mir gingst:

Hubschrauberflug
(„Ready to go")

Die Drehzahl stimmt,
die Starterlaubnis ist im Ohr -
ganz langsam schiebe ich den „Knüppel" vor,
der lange Flug beginnt.

Den „pitch" nach oben,
„Knüppel" langsam an den Bauch. -
Ich wollte mich verloben,
mein Mädel wollte auch.

Die „Mühle" steigt,
der Fliegerhorst bleibt weit zurück. -
Mein Mädel schweigt,
ich hatte wohl kein Glück.

Kurs hundertachtzig Grad,
ich schwenke langsam ein. -
Sie war beim letzten Mal so fad',
ich glaub', es wird zu Ende sein.

Geschwindigkeit auf achtzig Knoten,
der Kurs liegt an. -
Ich hatte ihr mein L e b e n dargeboten,
doch ihr liegt nichts daran.

Ich melde mich beim „tower" ab,
die Maschine drängt hinauf. -
Wolltest nicht nehmen, was ich gab,
mein Mädel! - Pass' gut auf dich auf!

Der alte Adler

Als er sich einst zum ersten Mal erhoben,
gerade flügge, von des Horstes Rand,
besah er stolz die Welt von oben,
als er dahinglitt über Meer und Land.

Mit kräft'gen Schwingen, über Berg und Tal,
sah man ihn oft nach seiner Beute jagen
und in den scharfen Fängen viele Mal
sie selbstbewußt sodann nach Hause tragen.

Die erste Liebe ist nicht lang' bei ihm geblieben,
es hatte nicht geklappt mit seinem Liebeswerben.
Sehnsucht nach Ferne hatte sie v o n ihm getrieben,
ihm war danach recht lange Zeit wie Sterben.

Er hat dann seinen Horst sich Zweig um Zweig herangeschafft,
ein ander' Weib genommen - Kinder aufgezogen.
Und Tag für Tag ist er mit neuer Kraft
zu neuer Jagd hinausgeflogen.

Nun sitzt allein er auf dem Horst im Stein,
hat lange keine Beute mehr geschlagen
und kann in letzter Zeit nicht mehr so glücklich sein,
wie in den alten, nun vergang'nen Tagen.

Stumpf wird der Schnabel, und die Fänge
sind auch nicht mehr so spitz wie seinerzeit.
Das Leben zieht sich einsam in die Länge,
er blickt hinab, und unter ihm das Land ist weit.

Doch plötzlich sieht er weit im Süden
ein einsam' Adlerweibchen, fern am Horizont.
Es ist die Erste, die ihn nach so kurzer Zeit gemieden
und die er lange nicht vergessen konnt'.

Er sieht, sie ist, wie er, allein -
und hebt mit neuer Kraft die Schwingen auf -
und fliegt ihr nach - und möchte bei ihr sein -
und so nimmt neues Schicksal seinen Lauf.

Wie gerne ...

Wie gerne würde ich dich einmal wiedersehen,
nach dieser langen und getrennt gelebten Zeit
und wieder mit dir durch die Straßen gehen
und wieder sein an einem Tisch zu zweit.

Wie gerne säße ich dir wieder gegenüber,
in einer stillen Bar, bei einem Glase Wein
und sähe nur auf dein Gesicht hinüber -
und darin würde wieder dieses Lächeln sein.

Wie gerne würde ich mich mit dir unterhalten,
über die Dinge, die das Leben uns gebracht,
und wie man manches könnte neu gestalten -
und was man nun wohl mit der Zukunft macht.

Wie gerne würd' ich wieder tanzen stundenlang mit dir,
wie damals, als wir uns zum ersten Mal gesehen -
und deine Hände hielten wieder sich ganz fest an mir -
und diese Stunden dürften nie zu Ende gehen.

Wie gerne würde ich dir wieder Liebe schenken,
tiefer als damals, was ja nur ein Anfang war -
und würde dann für immer nur an dich noch denken,
und unser Leben würde wieder wunderbar!

Wie gerne würde ich noch etwas weiterträumen,
dass dieses alles könnte Wahrheit werden!
Soll ich denn dabei alles noch versäumen
von meiner Zeit, die mir noch bleibt auf Erden?

Antwort auf ihren ersten Brief:

Für dich durch die Heide

Ich ging heute durch die Heide,
um sie für dich zu sehn
und dachte dabei an uns beide
und was wieder mit mir geschehn.

Ich hab den Wacholder gerochen
für dich und ihn angefaßt
und ein Zweiglein für dich gebrochen
und machte beim Schäfer Rast.

Ich bin auch im Torf gewesen,
sammelte etwas davon für dich ein -
und hab deinen Brief lang gelesen
in einem Heiligen Hain.

Ich habe die Wälder durchschritten
und für dich die Birken geküßt -
und sehr darunter gelitten,
dass du nicht bei mir bist.

Blickwechsel

Willst du ins Aug' mir sehen,
so schau zum Mond hinauf.
Ich werde im Garten dann stehen
und blicke auch darauf.

So um die neunte* Stunde
steht er schon hoch über'm Haus.
Ich mache dann meine Runde
und geh' mit dem Hund hinaus.

So werden wir überwinden
die Trennung durch Raum und Zeit,
und wo unsere Blicke sich finden,
sind wir dann nur zu zweit.

So wird jeder von uns wissen:
Ich bin nicht mehr allein! -
Viel lieber würde ich dich küssen,
doch das kann noch nicht sein.

Und ist mal nicht möglich gewesen
dieses seltsame Stelldichein -
wollen wir unsere Briefe lesen -
und werden zusammen sein!

---

* Hier ist, je nach Mondstand, die Stunde zu variieren, damit der Blickwechsel zustande
kommen kann.

Der Frühling ist zurückgekommen

Die Tage vorher waren sonnig zwar,
doch immer noch sehr kalt,
und Schnee bedeckte noch die Heide.
Und meine Hoffnung am Verzagen war,
und wieder in des Frosts Gewalt
mein Denken an uns beide.

Dann kam dein erster Brief! -
Recht zaghaft noch und doch vertraut,
bist du in meine Wirklichkeit zurückgekehrt.
Und der so lange nach dir rief,
stand da und schluchzte laut -
hat seinen Tränen nicht gewehrt.

Und heute liegt die Welt in einem weichen Nebelhauch.
Den ganzen Tag rinnt leiser milder Regen,
und all der kalte Schnee ist fortgeschwommen,
wie mit den Tränen meine winterbangen Sorgen auch. -
Schneeglöckchen ihre Blüten wieder sanft bewegen. -
Der Frühling ist zu uns zurückgekommen!

Im Heiligen Hain

An diesem Sonntag war ich wieder dort,
wo seit Jahrhunderten die Liebespaare gehen
und in die Bäume heimlich ihre Namen schneiden.
An diesem seltsam feierlichen alten Götterort,
wo unbeschreiblich große knorrige Wacholder stehen,
und manchmal noch Heidschnucken weiden.

Der Himmel war von Wolken schwer,
und milde Feuchtigkeit an Strauch und Baum,
und eine große Stille ruhte auf dem Land.
Die Wege waren alle menschenleer,
und irgendwie verschwanden Zeit und Raum,
als ich die große, schöne Birke fand.

Ich drückt' auf ihre weiße Rinde einen langen Kuss
und hatte plötzlich kleine Tropfen im Gesicht.
War's von der feuchten Birke oder meinen Tränen -
oder von einem unverhofften Regenguss?
Ich sage nur: Daran erinner' ich mich nicht -
oder - möcht' es vielleicht noch nicht erwähnen!

Wenn du dein Heimweh hast

Wenn du dein Heimweh hast,
dann musst du nicht verzagen,
was dich auch immer in den Schweizer Bergen hält.
Ich bin doch da, ich bin nicht aus der Welt!
Musst mich nach allem, was hier ist, befragen,
wenn du dein Heimweh hast.

Wenn du dein Heimweh hast,
dann musst du an d e n denken,
der lange selber heimatlos gewesen.
Du musst dann bloß all meine Briefe lesen.
Von m e i n e r Heimat werde ich dir alles schenken,
wenn du dein Heimweh hast.

Wenn du dein Heimweh hast,
dann bist du doch nicht mehr allein!
Ich bin hier doch schon ganz schön festgewachsen
und will Hannover und will Niedersachsen,
ich will die Heimat für dich sein,
wenn du dein Heimweh hast.

Wenn du dein Heimweh hast,
dann wirst du vielleicht eines Tages sagen,
dass du mich endlich wiedersehen willst
und damit alle meine Sehnsucht stillst. -
Dann brauchst du mich nicht mehr zu fragen,
wenn du dein Heimweh hast!

In dieser einen Nacht

In dieser einen Nacht versanken zwanzig Jahre
mit all dem Harm und aller Bitterkeit.
Und um uns war mit einem Mal das Wahre
des Menschenlebens: Liebe und das Glück zu zweit.

In dieser einen Nacht ist es mit uns geschehen,
daß aus dem Traume Wirklichkeit geworden ist.
Und immer wieder konnte ich es sehen,
wie schön und zärtlich du geworden bist.

In dieser einen Nacht, da hast du mir gestanden,
wie du, trotz allem, mich so wild und innig liebst.
Und Raum und Zeit, die waren nicht vorhanden,
als du, voll Lust und unter meinen Küssen, bliebst.

In dieser einen Nacht, da konnte ich es fühlen,
wie ich so ganz und ganz dir nun verbunden bin.
In dieser einen Nacht, in einer von den vielen,
erhielt mein Leben wieder einen neuen Sinn.

In dieser einen Nacht, von der ich lang' nun zehre,
in der du wie ein Stück von mir geworden bist,
in dieser einen Nacht verschwand die große Leere
in meinem Herzen, das nun deines ist.

Buchwidmung zu „Die Kunst des Liebens" von Erich Fromm, an Sylvias 39. Geburtstag:

Magst Du alles, was geschah,
mit diesem Büchlein gründlich messen.
Wirst am Ende doch erkennen,
daß ich Dir gegeben bin.
Wirst dann sehen, was i c h sah,
kannst es nimmermehr vergessen,
mußt es einmal auch benennen:
Liebe ist der einz'ge Sinn!

Steinhorst, April

Schäm' dich doch nicht

Schäm' dich doch nicht,
weil du so lieb und zärtlich warst in jener Nacht.
Du hattest doch ein Recht darauf in deinem Leben -
und hast mich damit nun so reich gemacht.
Wer gibt, der sollte ohne jede Reue geben!

Schäm' dich doch nicht,
weil du in jener Stunde ganz gelöst gewesen bist.
Du warst so schön, so gut und so unendlich liebevoll.
Sei glücklich, daß es so mit uns gekommen ist.
Es kommt ja doch im Leben immer wie es soll!

Schäm' dich doch nicht,
weil du ganz so gehandelt hast, wie eine freie Frau.
Du hast bei mir doch damit gar nichts unterschrieben.
Ich will dich nicht besitzen, das weißt du genau,
nur eines muß ich dürfen, still für mich: Dich lieben!

Meine Liebe

Es kam wie ein helles Licht,
schon damals, in dunkler Nacht.
Die Wahrheit erkannte ich nicht,
hab vieles dann falsch gemacht.
Ich konnte es nicht erreichen,
es wandte sich fort von mir.
Es war mit nichts zu vergleichen,
ließ mich traurig zurück im Hier.

Fast hatte ich es schon vergessen
in all den Jahren danach,
in denen ich wild und besessen
mit der schönen Erinnerung brach.
Ich glaubte, mein Glück zu machen,
durch rastloses Tätigsein,
durch Aufgehen in vielen Sachen,
im gewählten Leben zu zwein.

Es war aber alles vergeblich,
die Erinnerung kam zurück.
Was war, wurde unerheblich,
bei dem Ahnen von wahrem Glück.
Auf einmal musste ich suchen,
wo das Licht wohl geblieben war
und vergeudete Zeit verfluchen.
Es war im zwanzigsten Jahr.

Dieser Abgrund von so viel Jahren
hat mich nicht davon abgeschreckt,
denn ich wusste, ich hatte den wahren
Sinn meines Lebens entdeckt.
Und plötzlich sah ich es wieder,
dieses Licht, so unsagbar schön.
Mein Herz schlug wild auf und nieder,
und ich musst ihm entgegengehn.

85

Ich konnte es kurz dann erreichen,
und es war eine selige Lust.
Es war mit nichts zu vergleichen,
und das hatte ich immer gewußt.
Bald war es jedoch wieder ferne,
das Licht, doch ich kann es noch sehn
und werde aufs neue, nun gerne
ihm wieder entgegengehn.

Es wird weiter für mich scheinen,
ob fern es ist oder nah.
Das glaube ich fest, da ich seinen
unnachahmlichen Schimmer sah.
Ich werde die Hoffnung nicht lassen,
dass es einmal auch bleiben wird -
und lasse mich ganz nun erfassen
von dem, der sich niemals irrt.

Und doch...

Wir sind noch nie zusammen eingeschlafen
und auch noch nie gemeinsam aufgewacht.
Immer war es ein Hotel, wenn wir uns trafen,
und immer war es eine kurze Nacht.

Ich hab dir deine Kinder nicht gemacht
und du mir meines nicht geboren.
Wir haben zwanzig Jahr einander nicht gedacht
und hatten, wie für immer, uns verloren.

Ich habe dich noch niemals weinen sehen,
nicht damals und nicht heute.
Zusammen konnten wir noch nie nach Hause gehen,
und unsre Freunde sind uns fremde Leute.

Wir konnten immer nur uns Briefe schreiben
und im Getrenntsein uns ergründen.
Wir durften niemals lange beieinander bleiben
und niemals uns so recht zusammenfinden.

Und doch umgibt ein seltsames Vertrauen
auch heute wieder unsre Zweisamkeit.
Als könnt man sicher darauf bauen -
als wär es etwas für die Ewigkeit!

Steinhorst, Mai

Düsterer Mai

Der flieder vor meinem fenster
ist voll erblüht -
wie eine große liebe

Aber die sonne
kommt nicht
und verbirgt sich
hinter grauen düsteren wolken

Steinhorst, Juni

Juninachmittag

Über mir ein Lärchenbaum
neben mir ein Busch Jasmin.
Zarte Wölkchen, wie im Traum,
ziehen drüber hin.

Süße Düfte hüllen mich
wie in wehe Sehnsucht ein.
Meine Seele denkt an dich.
Wo magst du jetzt sein?

Still der Juninachmittag,
kaum ein Lüftchen weit und breit.
Vögel zwitschern leis' im Hag -
es ist Reifezeit.

Sonne über Baum und Strauch,
schmerzvoll suchend schweift mein Sinn:
Weißt du, Liebste, jetzt wohl auch,
wie ich einsam bin?

Es gibt für alles ein letztes Mal

Es gibt für alles ein letztes Mal,
nur gut, daß wir das W a n n nicht wissen,
denn alles Leben, alle Lust und Qual,
wird irgend einmal enden müssen.

Das letzte Mal im Mutterleib geborgen,
bevor das Leben seinen Anfang nahm,
mit seinen tausend Freuden, tausend Sorgen. -
Wir wissen nur noch, was dann später kam.

Das letzte Mal bei frohem Kinderspiel
an einem endlos langen Sommertage,
als uns noch alles, wie es war, gefiel. -
„Wann war das nur?“, ist unsre späte Frage.

Das letzte Mal die alte Schulbank drücken,
wie hat man sich so sehr darauf gefreut -
doch nun will diese Freude nicht mehr glücken.
Noch einmal Schüler sein, wünscht man sich heut'.

Das letzte Mal am Tisch im guten Elternhaus.
Wann war es nur? - Es ist so lange her.
Man zog ganz sorglos in die Welt hinaus -
und heute gibt es dorthin keine Wiederkehr.

Das letzte Mal, als ich dich damals küßte?
Der letzte Brief, den ich dir damals schrieb? -
Ich weiß nur, dass man sich erinnern müsste.
Ich weiß nur, dass die Liebe blieb!

Das letzte Mal den Steuerknüppel in der Hand
und über all dem Erdenjammer schweben -
die Sonne und die Ruhe und das weite Land. -
Wann war das nur in diesem Leben?

Das letzte Mal in deinen Armen liegen,
in deinen Augen dieses Lächeln lesen,
wenn wir uns selig aneinanderschmiegen. -
Wann wird es kommen? - Oder ist es schon gewesen?

Ein letztes Mal durch meine stille Heide gehen,
vielleicht mit dir, vielleicht am Ende gar allein -
und dabei denken, welches Glück mit uns geschehen,
oder recht einsam und voll ernster Wehmut sein.

Ein letztes Mal in deine lieben Augen schauen,
falls du dann da bist, wenn die Stunde schlägt -
und deine Hände halten voll Vertrauen,
wenn mich der letzte Vers hinüberträgt. - -

Denn alles Leben, alle Lust und Qual,
wird irgend einmal enden müssen.
Es gibt für alles ein letztes Mal,
nur gut, dass wir das W a n n nicht wissen!

Überlingen, Oktober

An die Kinder von A.:

Michaels Grab

Ihr sagt, die Mutter hätte nicht die Tanne pflanzen sollen
so auf das Grab, weil sie den Stein total versteckt.
Wenn ihr euch fragt: „Was hat sie damit wollen?",
so laßt mich sagen, was ich jüngst entdeckt:

Die Tanne ist wie er, so jung und schön
und wächst aus seinem Herzen nun empor.
Wenn sie sie pflegt, kann sie ihn wieder sehn,
wie er mal war, bevor sie ihn verlor.

Sie zieht ihn auf zum zweiten Mal, in diesem Baum,
mit aller Liebe - und das lange schon.
Was ihr das Schicksal nahm, gibt nun ein schöner Traum:
Für sie ist diese Tanne jetzt ihr Sohn!

Und wenn die Tanne einst die Zweige höher reckt -
dann wird sie groß und majestätisch sein -
so sieht man wieder, was sie jetzt verdeckt:
Den Namen eures Bruders auf dem Stein!

Spätherbst

Nun kommen die trüben Tage,
wo ich allein werd sein
und nichts zu hoffen wage
von einem Glück zu zwein.

Nun kommen die rauhen Winde
und bringen Kälte und Schnee,
in denen ich nichts finde
als Herzeleid und Weh.

Nun kommen die langen Nächte,
wo du nicht bei mir bist,
ich schlaflos verzagen möchte,
weil alles so sinnlos ist.

Nun kommen die dunklen Stunden,
wo ein herrlicher Traum vergeht,
angefüllt mit schmerzenden Wunden -
wo am Ende Verzweiflung steht.

***

WAS WIRD BLOSS AUS UNSEREN TRÄUMEN ?

1984

Märzenschnee

Immer noch grimmige Kälte.
Weiße Flocken tanzen vor meinem Fenster.
Der Winter will nicht gehen.
Mit verzweifelter Wut versucht er,
sein Ende hinauszuschieben.

Immer noch grimmige Kälte.
Aber die kleinen Schneeglöckchen
in meinem Garten sind schon da.
Still, bescheiden aber siegesgewiß
recken sie ihre reinen lebensvollen Blüten
in die eisige Nacht.

Der Frühling steht vor der Tür! -
Ich -
will mich bereit machen,
ihn zu empfangen.
Bald - wird er da sein!

Sehnsucht

Ich möchte alles stehn und liegen lassen,
mein Haus und meine vielen Zwänge,
mich in den Wagen werfen, heute noch.
Ach, mögen mich doch alle andern hassen,
es ist ja gleich, wenn es mir nur gelänge,
zu d i r zu kommen, heute noch!

Ich möchte alle Schranken überwinden,
die du und andere errichtet haben,
um nur mit d i r zu sein.
Ich kann nichts Schlechtes dabei finden
und gäbe alle meine Gaben
für d i c h , für d i c h   a l l e i n !

Ich möchte manchmal sogar lieber sterben,
als weiterhin von dir getrennt zu sein
und doch zu wissen, daß wir eines waren.
Ich möchte mit dir jene große stille Seligkeit erwerben,
wonach die Menschen suchen, ewig einsam und in Pein -
möcht mich vereinen wieder dir, wie vor Millionen Jahren!

Verdammt

Warum hast du mir die Kraft gegeben,
zwanzig Jahre Einsamkeit zu überwinden,
um - zu spät in diesem Leben -
meine Hälfte doch zu finden?

Warum läßt du mich die Seligkeiten schauen,
die dein Wille uns zum Ziel gesetzt,
wie soll ich dir noch vertrauen,
wenn du danach in den Tod mich hetzt?

Warum hast du uns v o n dir gelassen,
uns in Mann und Frau geteilt?
Warum lässt du uns erfassen,
wer von uns im andern weilt?

Warum stößt du uns von dannen
in die große dunkle Einsamkeit?
Millionen Jahre, die verrannen,
waren wir von dir s o weit!

Warum hast du kein Erbarmen
und lässt uns einander finden,
damit e n d l i c h dieser armen
Welt die Qualen schwinden?

Lebewohl

Lebe wohl denn, bis zum nächsten Leben,
diesmal hat's nicht sollen sein,
daß wir uns einander geben,
diesmal leben wir allein!

Lebe wohl, und noch viel Glück!
So viel, wie unser Eigen damals war,
Äonen in der Zeit zurück,
als wir einst ein tief erfülltes Paar!

Lebe wohl! Es hat der Widersacher
diesmal unsern Weg getrennt,
und er ist der einzge Lacher,
wenn in uns die Sehnsucht brennt!

Lebe wohl denn, bis zum nächsten Leben,
diesmal gingen wir verloren!
Möge Gott uns wenig Leid und Plage geben,
bis wir einmal wieder neu geboren!

Als sie auf Baltrum war:

Ruf der Heimat

Du denkst:

Ich habe die Stimme gehört
unter den weiten grauen Himmeln
dieses Jahr,
sie sagte: Kehr zurück!

Ich habe die Stimme gehört
aus den endlosen grünen Wäldern
dieses Jahr,
sie sagte: Hier ist dein Glück!

Ich habe die Stimme gehört
in der stillen Wacholderheide
dieses Jahr,
sie sagte: Denk an mich!

Ich habe die Stimme gehört
in den rauhen Winden der Küste
dieses Jahr,
sie sagte: Ich liebe dich!

Ich habe die Stimme gehört
wo Eichen, Kiefern und Birken wachsen -
dieses Jahr,
sie sagte: Sieh! - Dein Niedersachsen!

Du sagst:

Die Stimme wird mich immer rufen
aus diesem weiten schönen Heimatland.
Jedes Jahr!
Ich kann sie hören: Kehr zurück . . .

Steinhorst, August

Für A. zum Geburtstag:

Zum Geburtstag

Ich wünsche dir an diesem Tag,
an dem ich in Gedanken bei dir bin,
dass weder Leid noch Sorge dich bedrängen mag
und einen allzeit frohgemuten Sinn.

Ich wünsche dir: Gesundheit, Kraft und Stärke,
des, Lebens Stürmen recht zu widerstehn,
dass Glück und Segen alle deine Werke
begleiten und deine Wünsche in Erfüllung gehn.

Ich wünsche: Du sollst niemals einsam sein
und immer deiner Nächsten Liebe spüren,
und Gram und Kummer wünsch ich für dich klein,
dass deine Wege dich zur Freude führen.

Ich wünsche dir für j e d e n Tag,
dass reichlich Sonnenschein ihn heller macht
und frei er ist von Müh und Plag
und ihm zum Abschluss eine gute Nacht.

Hab weiter so viel Mut und Tapferkeit,
was immer auch geschehen mag,
vertrau auf Gott zu jeder Zeit!
Das wünsch ich dir an diesem Tag.

Steinhorst, November

Beim Anhören von „Zigeunerweisen op. 20" von Pablo de Sarasate:

Zigeunermusik

Sie spricht zu meiner aufgewühlten Seele,
als wäre Bruder oder Schwester sie,
spricht alles aus, womit ich mich hier quäle,
und meine Sehnsucht wird zur Melodie:

Sie flüstert mir von fernen Kindertagen
und hoffnungsvoller Jugend Glück,
fragt alle ungesagten Fragen,
bringt die Vergangenheit zurück.

Sie jubelt von der zarten ersten Liebe
und deklamiert von großen Idealen,
malt plastisch all das Weltgetriebe
und schluchzt mir alle Menschenqualen.

Sie singt des Lebens Rausch, der Liebe Glut,
die jäh begriffene Verlorenheit -
und taumelt zwischen Bös und Gut,
verwischt die Grenzen zwischen Raum und Zeit.

Sie klagt enttäuschter Hoffnung Schmerz
und krampft die Seele mir zusammen.
Sie schreit die Wunden, die mein Herz
zu einer solchen Einsamkeit verdammen.

Sie jauchzt und weint von Glück und Schuld und Sühne,
dass man das alles ganz lebendig fühlt -
die alte, weitgereiste Violine,
wenn sie des Abends ein Zigeuner spielt.

Wer ?

Wer sieht hinter all die Mauern,
hinter denen ein Mensch jetzt weint?
Wer kann alle die bedauern,
für die die Sonne nicht scheint?

Wer weiß um die vielen Leiden,
mit denen so viele sich plagen,
wer sieht all die Hoffnungen scheiden,
beantwortet unzählige einsame Fragen?

Wer hat all die Not überdacht,
in der so viele Menschen verzagen?
Wer wachet und tröstet in dieser Nacht
die Herzen, an denen Sorgen nagen?

So viele, so viele ringen die Hände
und weinen die stummen Wände an
und bilden sich ein, dass da jemand stände,
der ihre blutenden Wunden heilen kann.

Wer hat die Augen, zu sehen,
was all die Verzweifelten plagt,
wer die Ohren, die dieses Flehen
vernehmen, das niemand sagt?

W e r ? . . .

Steinhorst, Februar

Rose mit Dornen

Als ich sie dir gab,
die rote Rose,
damals am See,
hast du die Blüte genommen -
mir aber
blieb das Rot
meiner vom Dornenstengel
blutenden Hände.

Aber
so lange
meine Hände
dieses lebendige Rot
hervorbringen,
werde ich sie dir
immer wieder geben -
UND IMMER WIEDER!

Steinhorst, März

Der erste Frühlingstag

Nach diesem langen, kalten Winter
mit seiner Dunkelheit
und seinem grimmigen Frost
ruht heute zum ersten Mal der Kampf.
Milde lächelt die Sonne vom Himmel.
Die Luft ist warm. Alles atmet auf.
Die Vögel beginnen zu jubilieren.
Zwei Zitronenfalter taumeln selig an mir vorüber.
Mein Herz legt zaghaft die Wintervermummung ab -
eine leise wehe Hoffnung auf Wärme und Glück
wagt sich zögernd hervor.
Eine ferne Erinnerung an schöne helle Tage
streicht zitternd über das Land -
und über meine Seele.
Ich will es noch nicht ganz glauben,
nach langer winterlicher Einsamkeit -
aber es ist wohl so -
das Schlimmste ist überstanden.
Der Frühling ist endlich da!

Jastorf, April

Für Frau Marguerite Deubner zum 91. Geburtstag:

Reichtum

Weisheit und Güte und junges Herz,
Trost für viele in Not und Schmerz,
tiefes Verstehen und Menschlichkeit,
tapferes Tragen von eigenem Leid,
gastliches Haus und offener Sinn,
gute Gespräche, für jeden Gewinn,
Glaube und Hoffnung und wacher Verstand,
umfassende Liebe und helfende Hand.

Das ist Reichtum auf dieser Welt!
Es bleibt nur zu wünschen, dass Gott ihn erhält.

Auf eine Bemerkung von Monika:

Mein Traum

O ja, ich weiß, was ich im Herzen trage, ist ein Traum.
Doch ist nicht alles Traum zunächst, was werden soll?
O ja, ich habe einen wunderbaren, bittersüßen Traum,
von seinen Bildern sind mein Herz und meine Seele voll!

O ja, ich habe Leben nur durch diesen einen Traum,
darum laßt mich ihn träumen wie ich will:
Mal wie ein großer menschenangefüllter Raum,
mal wie einsames Beten, ernst und still:

Da sind die Bilder der Vergangenheit,
aus seligen und sehnsuchtsvollen Tagen,
von unserer kurzen gemeinsamen Zeit,
in der wir schworen, unser Glück zu wagen.

Da sind die Bilder, die nie wir gesehen,
von unendlich langen gemeinsamen Jahren
voll Glück und liebevollem Verstehen,
als ob sie tatsächlich Wirklichkeit waren.

Da sind die Bilder vom Wiederfinden
nach langer, schlimmer, einsamer Zeit,
von Heimkehr und von Vergebung der Sünden,
von Händehalten und von Zärtlichkeit.

Da sind die Bilder von deinem Bleiben -
und plötzlich kann ich „dieses Lächeln" wieder sehen!
Und nichts kann dich dann jemals von mir treiben,
wenn wir des Lebens Rest gemeinsam gehen!

O ja, ich weiß, es ist ein wunderbarer, bittersüßer Traum,
von seinen Bildern sind mein Herz und meine Seele voll.
O ja, ich habe Leben nur durch diesen einen Traum!
Ist denn nicht alles Traum zunächst, was werden soll?

O ja! Ich weiß! Was ich im Herzen trage, ist mein Traum!
Er ist wie einsames Beten, ernst und still,
in einem großen, warmen, lichterfüllten Raum -
wenn draußen mich die Dunkelheit verschlingen will.

Steinhorst, Oktober

Beim Nachdenken über Buddhismus:

Karma

Wir waren einstmals ein Schwalbenpaar
in Sonne und Wind, voller Glück,
und flogen im Frühling so manches Jahr
von Süd in die Heimat zurück.
Wir waren einst zwei Delphine im Meer
und zärtlich einander verbunden
und immer zusammen und liebten uns sehr.
Wir hatten uns wiedergefunden!
Wir haben einst im Neandertal
zusammen am Feuer gesessen
und in unserer Liebe so manches Mal
die Jagd auf das Mammut vergessen. -
Wir waren noch mehrmals ein Menschenpaar!
Weißt du es denn nicht mehr?
Was immer unser Schicksal war,
wir liebten einander sehr. -
Doch in einem der Leben, da wurden wir blind.
Wir wichen ab vom „achtfachen Pfad",
vergaßen, dass wir zwei Hälften sind -
das Schicksal hielt Vergeltung parat:

Wir trafen uns wieder in diesem Leben,
unsere Briefe waren wie ein werdendes Gedicht -
doch als wir versuchten, uns ganz zu geben,
versagten wir kläglich und schafften es nicht.
Weil wir uns trennten, begann das Leid:
Wir wurden mit den falschen Partnern geschlagen.
Nur Qualen und Hass brachte uns die Zeit,
doch fiel uns nicht ein, nach dem Sinn zu fragen.
Die Chance kam wieder, nach zwanzig Jahren
(ich hatte dich suchen und finden müssen),
Erlösung schien nahe, als wir wie eines waren,
doch plötzlich leugnetest du dann dein Wissen.
Eine große Angst hatte bei dir überwogen,
vor neuer Enttäuschung - und vor dem Mann.
Du hast dich dann in eine Welt zurückgezogen,
in die ich dir so gar nicht folgen kann.
Obwohl du weißt, wie ich, dass unser beider Heil
nur einzig in Verschmelzung unsrer Seelen liegt,
scheust du davor zurück - noch immer - weil
du glaubst, daß deine jetzige Verbindung schwerer wiegt.

Das Leid der Trennung trag ich wohl im Augenblick allein,
wie du ja glaubst, was du jetzt lebst, sei Glück,
und alles Sehnen nach Erlösung wird vergeblich sein,
kehrst du nicht eines Tags von selbst zu mir zurück.
Wir werden wohl wieder von vorn beginnen müssen,
im nächsten Leben, nach des Samsara unerschütterlichem Plan,
wenn du nicht doch noch irgendwann entdeckst dein Wissen,
wie man das Ewigwiederleidenmüssen überwinden kann. -
Ich bin dann wohl wieder ein Schwalbenmann
und werfe voll Sehnsucht den kleinen Körper in den Wind -
und fliege, so lange ich fliegen kann -
und suche dich - bis wir vereinigt sind . . .

Steinhorst, April

Seltsamer Wunsch

Manchmal möchte ich,
dass wir Bäume wären,
du und ich.
Geschaffen von gleicher Art,
uns sehend in der Ferne,
stetig wachsend, ruhig und groß,
ohne das feuchte, verzehrende Verlangen
des Säugetiers,
uns gegenseitig befruchtend
durch die Bienen,
die unseren Blütenstaub
von einem zum anderen tragen
in jedem Frühling,
lange lebend und uns immer sehend.
Und am Ende
uns noch einmal zuwinkend
zum Abschied
mit der fallenden Krone.

***

AUF DEM WEG

Münster, Mai

Für Wolf zum 50. Geburtstag:

Ein Rätsel

Nun hast auch du die Fünfzig überschritten,
bist nicht mehr jung und noch nicht alt.
Mal ging dir's gut, mal hast du sehr gelitten. -
Vor keinem von uns macht das Schicksal halt!

Wir trafen uns vor über zwanzig Jahren.
Der gleichen Sache waren wir verschworen.
Man kann nicht sagen, dass wir Musterknaben waren,
jedoch die besten Ideale gingen nie verloren.

Obwohl dann später unsre Wege voneinander führten,
hat trotz Entfernung niemals sich Entfremdung eingestellt.
Es war da immer etwas, was wir beide spürten,
und was so ungeheuer selten ist auf dieser Welt:

Wer es nicht selbst erlebte, kann es nicht beschreiben,
auch wenn er noch so oft das Wort im Munde führt.
Wer es erringen will, wird es ganz schnell vertreiben,
und wer es zu besitzen meint, erleben, wie er es verliert.

Es ist ganz still, wie eine Selbstverständlichkeit,
und ist doch eigentlich so selbstverständlich nicht.
Es überdauert nun schon eine solche lange Zeit,
ist wie Verpflichtung fast und doch nicht Pflicht.

Es ist ganz groß und doch meist nicht zu sehen,
doch wenn es einmal nötig ist, dann ist es da.
Gerade, wenn die größte Not und Ungemach geschehen,
wird es erst richtig deutlich und ist nah.

Ich kann nun leider - trotz der vielen Leute -
dir zum Geschenke nichts als dieses Rätsel geben,
und hoffe doch, an einem solchen Tag wie heute,
dass es genügen möge - für ein ganzes Leben ...

Steinhorst, März

Holzfällen im Winter

Im schneebedeckten Winterwald
der abgestorbene Baum.
Von meiner Säge gefällt
sinkt er krachend und stöhnend
zu Boden, wie endgültig sterbend.
Stück für Stück
bringe ich ihn nach Hause.
In meinem Ofen
spendet er verglühend:
Wärme, Leben, Geborgenheit - Trost
in der eisigen Winternacht.

Wie vielleicht einmal -
mein Gedicht.

Steinhorst, März

Autogenes Training für Anfänger

Gestern,
als ich unter deiner Zauberstimme
die Augen schloß
und die Glieder schwer werden ließ,
hätte vor meinem geistigen Auge
das Wort „RUHE" erscheinen müssen -
in Großbuchstaben, wie du sagtest.

Es erschien aber ein anderes Wort -
in Großbuchstaben auch -
flammend sogar:
Dein Name war's!
„RUHE" nicht.

Auf dem Weg

Gib mir deine Hand,
wir wollen aufbrechen
aus der Finsternis. -
Es wandert sich leichter zu zweit.

Gib mir deine Hand,
wir wollen loslassen,
was falsch gewesen ist.
Wir sind bereits unterwegs. -
Es wandert sich leichter zu zweit.

Gib mir deine Hand,
wir wollen verlassen:
Den Irrtum, die Lüge,
die Habgier, die Angst.
D u hast mir den Weg gezeigt. -
Es wandert sich leichter zu zweit.

Gib mir deine Hand,
wir wollen hinter uns lassen:
Das Weinen, das Leid,
die Sprachlosigkeit
und den Hass.
Viel bleibt noch zu lernen - auf dem Weg. -
Es wandert sich leichter zu zweit.

Gib mir deine Hand,
mit dir kann ich reden
über d i e Wahrheit,
nach der wir uns sehnen.
Wir haben uns gefunden,
weil die Zeit reif war.
Wir wollen uns halten - auf dem Weg. -
Es wandert sich leichter zu zweit!

Gib mir deine Hand!
Dort kommt die grüne Wiese
mit dem gelben Meer von Narzissen!
Spürst du den zauberhaften Duft?
Wir wollen uns nebeneinanderlegen
und unsere Augen trinken lassen
von dem unendlichen Blau des Himmels.
Wir s o l l t e n uns treffen - auf dem Weg zum Licht!

Gib mir deine Hand . . .

Steinhorst, Dezember

Eines Tages

Eines Tages,
wenn die Ungewißheit vorüber ist
in uns, werden wir hintreten voreinander
nackt und bloß
und uns erkennen.

Eines Tages,
wenn die Rastlosigkeit gemildert ist
in dir, wirst du mir deine Seele zeigen
nackt und bloß
und zu mir kommen.

Eines Tages,
wenn die Einsamkeit vergangen ist
in mir, wird mein Mund besingen,
was du mir darbringst
nackt und bloß.

Eines Tages,
wenn wir l e b e n , was wir ersehnten,
werden die letzten Hüllen fallen,
und wir werden uns erkennen
nackt und bloß!

111

Bald ...

Bald ist der Kampf zu Ende,
und Stille kommt herein.
Wie ich mich dreh' und wende,
ich bleibe wohl allein.

Bald werde ich mich fügen
in diese große Einsamkeit,
und all die vielen Lügen
verstummen mit der Zeit.

Bald werde endlich ich erreichen
den Ort, wo einzig Heimat winkt
und süßer Friede ohnegleichen,
wo niemals mir die Hoffnung sinkt.

Bald ist der Kampf zu Ende,
ich kehr' zurück nach Haus
und breite freudig meine Hände
für meine Seele zum Willkommen aus.

1 9 8 8

Steinhorst, Januar

Über die „großen Worte".

Ihr sagt, man könne heute nicht mehr wie Eichendorff, Rilke oder
Benn schreiben; die Dichter dürften nicht mehr die „großen Worte"
verwenden, sie seien sinnentleert und überfrachtet mit Falschheit.
Wer aber hat sie denn sinnentleert und mit Falschheit angefüllt?
Waren wir alle es nicht selbst und tun es immer noch?
Wie oft haben wir denn:

- gelächelt und waren doch innerlich voller Hass;
- behauptet, ehrlich zu sein, und doch gleichzeitig unseren Nächsten ge täuscht;
- unser Mitleid zum Ausdruck gebracht, während in uns Gleichgültigkeit war;
- gelogen, wenn wir verkündeten, die Wahrheit zu sagen;
- jemandem zu einem Erfolg gratuliert, während der Neid in unserem Her zen fraß;
- Angst um unseren Besitz gehabt, wenn wir geben sollten;
- die Toleranz gepriesen und doch die andere Meinung für minderwertig gehalten;
- behauptet, zu verstehen, obwohl wir voller Unverständnis waren;
- „Ja" gesagt und als nächstes das Wort „aber" folgen lassen - und damit in Wirklichkeit „Nein" gemeint;
- geschwiegen, wenn man uns riet, miteinander zu reden;
- denen Mißtrauen entgegengebracht, die es ehrlich mit uns meinten;
- jemanden weiter gequält, wenn er sagte: „Du hast mir weh getan!";
- „Liebe" gesagt, aber in Wirklichkeit das Besitzen des Partners oder se xuelle Gier gemeint;
- vom Frieden geredet, aber tatsächlich Kampf zur Durchsetzung unserer eigenen Ansichten oder gar Krieg im Sinn gehabt ?

Und bei all dem werden ängstlich die „großen Worte" vermieden, weil sie in ihrer Feierlichkeit möglicherweise eine Verpflichtung enthalten könnten, vor der man sich drücken möchte.

Viele versuchen heute, die „großen Worte" mit nichtssagendem, unverbindlichem Gestammel zu umgehen und wundern sich dann, wenn sie nicht mehr verstanden werden - oder die „großen Dinge" in ihrem Leben ausbleiben.

Ich glaube, daß die Zeit gekommen ist, in der die Dichter alle je von der Menschheit hervorgebrachten Stilrichtungen verwenden dürfen, um den Sprachlosen auf vielfältige Weise das zu sagen, was sie bewegt, in der sie so schreiben müssen, dass man sie versteht und in der sie die Aufgabe haben, die „großen Worte" wieder mit Leben und Wahrheit zu erfüllen und sie dort zu verwenden, wo sie hingehören:

Zur Beschreibung wirklich großer, bewegender Dinge - wie Liebe und Leid, Hoffnung und Verzweiflung - Zeit und Ewigkeit.

Sieben Haiku-Verse über die Liebe:

Für Brigitte und Bernd zur Hochzeit:

Über die Liebe

Wenn die Liebe kommt,
geht die Ruhelosigkeit,
und Friede zieht ein.

Die Liebe finden
ist, nicht mehr „haben wollen",
ist ruhiges „Sein".

Wenn zwei sich lieben,
überwinden sie die Zeit.
Sie sind Ewigkeit.

Wo die Liebe wohnt,
ist das Vertrauen zu Haus,
ist wirklich Heimat.

Wirkliche Liebe
ist ein seltenes Gewächs,
das gepflegt sein will.

Wahre Liebe heißt,
aneinander zu wachsen
und frei zu werden.

Nur e i n Wunder ist
in der entzauberten Welt:
Die große Liebe!

Steinhorst, Juni

Buchwidmung zu: „Das Lied des Lebens" - Die schönsten Gedichte
von Hermann Hesse"- zu B.s 44. Geburtstag. :

Das Herz will reden,
doch der Mund muss schweigen.
So geb ich diese Verse Dir zu eigen,
die sicher nicht bestimmt für jeden.

Der größre Meister schuf sie schön,
viel schöner als die schönsten Blüten.
Sie sollen fortan mit Dir gehn
und Deinen langen Tag behüten
und Dir auch helfen, wenn zur Nacht
der sanfte Schlaf nicht kommen will.
Durch ihre wunderbare Zaubermacht
wird dann die aufgewühlte Seele still.
Was immer Dir auch bringt das Leben,
schau ruhig in dies Buch hinein.
Es wird Dir Kraft und Freude geben
und Wissen um das wahre Sein.

Der Mund muss schweigen,
doch das Herz will reden. -
So fühl ich sicher nicht für jeden! -
Drum geb ich diese Verse Dir zu eigen . . .

Abgewöhnen

Soll ich damit aufhören,
Gedichte für dich zu schreiben?
Ich will es versuchen.
Aber es ist so schön!

Immer sagt man mir,
daß ich mir abgewöhnen muß,
was schön ist auf dieser Welt,
weil es sonst tödlich endet.

Was ist d a s für ein Leben?
Was i s t d a s für eine Welt?

1 9 8 9

Jastorf, April

Buchwidmung zu: „Das Glück der Freundschaft"
(Geschenk der Stille, Scherz Verlag) zu Monikas 44. Geburtstag:

Das Glück der Freundschaft

Es muß eine Perle vom Meeresgrund sein,
und wer sie gehoben, ist nie mehr allein.
So wertvoll und selten ist nichts auf der Welt,
wie innige Freundschaft, die ein Leben lang hält.

Frühling tut weh

Alles grünt und blüht.
Der Frühling hat den Winter besiegt.
Kälte und Einsamkeit scheinen vergessen.
Schmetterlinge taumeln selig von Blüte zu Blüte.
Aus Vogelnestern schreit junges Leben nach Nahrung.
Viele Menschenpaare gehen Hand in Hand durch die Natur.
Ich sitze allein vor der Tasse Kaffee,
blicke in die Schönheit der Landschaft hinaus
und denke an dich:
An deine Augen, deinen Mund,
deine Worte von neulich . . .
Wo du wohl jetzt bist ?

Frühling tut weh !

Steinhorst, Mai

Traumspiel

Heut nacht hab ich geträumt von dir -
heut nacht hab ich geträumt von mir -
heut nacht hab ich geträumt von uns -
heut nacht hab ich geträumt das Wir !

Der Dichter

Ein Dichter ist (in diesem Fall) ein Mann aus Fleisch und Blut,
ganz wie die Hälfte aller andern Menschen auch.
Es ist nur, daß er meistens denkt und tut,
wie's nicht bei jedem Zeitgenossen Brauch:

Er versucht zu leben, was er sagt,
spricht aus, was ihn im Herzen plagt,
erlebt in sich das Leid der Welt,
setzt nicht an erste Stelle Geld,
ist auch mal still und hört nur zu,
schreckt Leute auf aus ihrer Ruh',
spricht Dinge aus, die uns bewegen,
hält Mut zur Offenheit für Segen,
denkt schon im Leben an den Tod
und ist nicht blind für fremde Not,
verehrt die Freiheit und das Recht,
hält Diktatur und Sklaverei für schlecht,
kann zwischen Lustigkeit und Freude unterscheiden,
versucht nicht, jede Traurigkeit zu meiden,
beschäftigt sich mit Zeit und Ewigkeit,
ist oft in großer innerlicher Einsamkeit,
mit allem Menschlichen ist er vertraut,
sein Inneres ist kompliziert gebaut,
empfinden kann er ungeheuer fein,
nichts ist ihm wesentlicher als das „Sein".

Natürlich macht er ständig Worte aus all dem
und ist deshalb den meisten ziemlich unbequem,
die lieber hätten, wenn er stille bliebe.
Recht oft schreibt er von Zärtlichkeit und Liebe -
die eine Frau ihm ruhig auch mal reichlich schenken kann -
denn wie gesagt: Der Dichter ist (in diesem Fall) ein Mann!

Buchwidmung zu: „Spiele ohne Ende" - Erzählungen aus 100
Jahren S. Fischer Verlag - herausgegeben von Hans Bender.
Zu B.'s 45. Geburtstag:

Dreiundsiebzig Erzählungen aus fast hundert Jahren,
und viel bekannte Namen sind darunter.
Man könnte meinen, daß sie nur Fantasten waren,
und dass das „wahre Leben" sicher bunter.
Doch wenn man sich in dieses Buch versenkt,
sieht man, wie falsch die halbe Welt von Dichtung denkt:

Was hier erzählt wird, das i s t Leben,
viel wahrer noch, als in besagter „Wirklichkeit",
ist Lachen, Weinen, Fühlen, Denken, Streben,
Glück, Unglück, Sehnsucht, Liebe, Zeit und Ewigkeit,
durch Dichteraugen so gesehen,
dass es wie Schuppen von den Augen fällt,
umhaucht von einem zauberischen Wehen
aus einer vielleicht w i r k l i c h e r e n Welt.

Das möchte ich Dir zum Geburtstag schenken,
Dir alles Glück und Liebe wünschen für das neue Lebensjahr!
Vielleicht wirst Du beim Lesen öfter mein gedenken
und nicht mehr glauben, dass ich nur ein Stein auf Deinem Wege war...

Baggersee im August

Rings von Wäldern geschützt,
Kiefern Birken und Eichen.
Hellgelber feiner Sand.
Gelegentlich kräuselt ein leichter Wind
das klare Wasser.
Badegäste, Schlauchboote, Luftmatratzen,
unverbindliche Sommergespräche -
nackte Kinder - und Frauenbrüste.
Sonne brennt auf die Haut.
Alle werden brauner, schöner und gesunder
in den letzten Tagen des Sommers -
auch ich,
während ich schreibe,
die Sonne im Nacken,
beobachtend - allein.
Manchmal die Gedanken an dich. -
Zeitweise verdecken Quellwolken die Sonne,
und der strahlende Strand wird grau.

***

WEGE IN DIE FREIHEIT

Dieses Kapitel widme ich meinen in Magdeburg
vor 1989 verstorbenen Eltern und all jenen Ein-
wohnern der untergegangenen DDR, die, wie
sie, nicht genug Leben hatten, um die von ih-
nen ersehnte Freiheit noch zu erlangen.

1 9 8 9

Späte Antwort auf Tamás Aczél's Gedicht „Ode an Europa"
von 1956:

Ode an Ungarn

Wir wünschen dir Glück auf deinem neuen Weg,
auf dem du wieder an der Spitze schreitest in Europas Osten,
wie schon im Jahre neunzehnhundertsechsundfünfzig.

Wir wünschen dir, dass du bald deinen Helden von damals,
heimtückisch ermordet und verscharrt auf einem Schindanger,
die ihnen gebührenden Ehrenmale errichten kannst.

Wir wünschen uns allen,
dass wir bald, gemeinsam mit dir,
mit dankbaren Herzen Blumen niederlegen
und knien dürfen an den würdigen Gräbern von

Imre Nagy, Pál Maléter

und der vielen anderen, die ihr Leben hingaben
für ein glücklicheres Europa -
UNSER ALLER MUTTER.

(Dieses Gedicht entstand am 5. Mai 1989. Das war der Tag, als die
ungarische Armee damit begann, die Stacheldraht-Befestigungen
an der Grenze zu Österreich abzubauen. Das war, wie sich später
herausstellte, der Anfang vom Ende des kommunistischen Imperi-
ums.)

Den mutigen Demonstranten in den Städten der ehemaligen DDR gewidmet, von einem, der am 17. Juni 1953 in Magdeburg mit auf der Straße war:

Ein neues Lied:

Wir sind das Volk

Kommt, schließt euch an und reiht euch ein,
gezaudert haben wir genug!
Seit vierzig Jahren Lug und Trug -
wir wollen frei und mutig sein!
Angst und Verzagen sind vorbei,
die Panzer schrecken uns nicht mehr.
Wir sind das waffenlose Heer,
und unsre bloßen Hände stärker als die Polizei.
Wir sind das Volk, dem alle Macht gehört!
Wir wollen selbst entscheiden, wie wir leben.
Es wird gelingen, wenn wir uns die Hände geben,
dass niemand uns die Mündigkeit verwehrt.
W i r sind das Volk!

Kommt, schließt euch an und reiht euch ein,
geschwiegen haben wir genug!
Seit vierzig Jahren Lug und Trug -
wir wollen frei und mutig sein!
Lasst uns gemeinsam neue Lieder singen,
von dem, was unser Herz bewegt.
Wir sind das Gute, das sich endlich regt
und werden jede Diktatur bezwingen!
Wir sind die Flamme, die uns Wärme spendet.
Wir wollen selbst entscheiden, wer regiert.
Es wird gelingen, wenn sich keiner mehr geniert,
dass unser graues Los sich wendet.
W i r sind das Volk!

Kommt, schließt euch an und reiht euch ein,
geheuchelt haben wir genug!
Seit vierzig Jahren Lug und Trug -
wir wollen frei und mutig sein!
Lasst uns gemeinsam nach d e r Wahrheit fragen,
die immer unsre Sehnsucht war.
Wir sind die Kraft, die eine neue Zeit gebar!
Gewalt und Unrecht werden wir verjagen.
Wir sind der Wind, der frisch in jeden Winkel weht!
Wir wollen selbst entscheiden, wer verschwindet.
Es wird gelingen, weil uns die Idee verbindet,
dass hinter allen Mühen Freiheit steht.
W i r sind das Volk!

(In der Zeit entstanden, als es noch fraglich war, ob die brennenden
Kerzen oder die aufgefahrenen Waffen siegen würden.)

1990

Lied der „Intradeutschen Wahlkämpferbrigaden" der CDU Sachsen-Anhalt

von 1990:

Text: Frei nach Theodor Körner   Melodie: Carl Maria von Weber,
                                      wie „Lützows wilde Jagd".

UNSERE WILDE JAGD

Was glänzt dort vom Domplatz im Sonnenschein?
Hör's näher und näher brausen.
Es fährt dort mit Bussen in bunten Reih'n,
Und Lautsprechertöne schallen darein,
Und die Roten erfüllt es mit Grausen.
Und wenn ihr die schwarzen Gesellen fragt:
das ist u n s r e wilde verwegene Jagd.

Wer klettert dort rasch die Masten hinauf
Und heftet Plakat zu Plakat?
Um die Busse stehen viele zu Hauf:
Sie nehmen von selbst die Handzettel auf,
Und es wankt ein verrotteter Staat.
Und wenn ihr die schwarzen Kletterer fragt:
Das ist u n s r e wilde verwegene Jagd.

Was braust dort am Centrum die Wahlkampfschlacht,
Was laufen die Leute zusammen?
Junge Menschen sprechen bis in die Nacht,
Und der Funke der Freiheit ist glühend erwacht
Und lodert in heftigen Flammen.
Und wenn ihr die schwarze Jugend fragt:
Das ist u n s r e wilde verwegene Jagd.

Die wilde Jagd und die deutsche Jagd
Auf Stasibrut und Tyrannen! -
Drum, die ihr uns liebt, uns gewählt, nicht geklagt!
Das Land ist ja frei, und der Morgen tagt,
Wenn wir's auch sehr spät erst gewannen!
Und von Enkeln zu Enkeln sei's nachgesagt:
Das war u n s r e wilde verwegene Jagd!

Steinhorst, November

Für alle, die mit uns dabei waren:

In allen jenen Kämpfen

In allen jenen Kämpfen standen wir bewusst zusammen,
die Heimat loszumachen von der roten Tyrannei,
und unser Mut schien aus der Zuversicht zu stammen,
dass diese unerhörte Freiheitssehnsucht unbesiegbar sei.
Die Kerzen in den bloßen Händen hatten uns den Weg gebahnt.
Wir fuhren durch das Land, Plakate waren unsre Fahnen,
und was wir dabei sahen, hat zur Zähigkeit ermahnt
und auch das Wissen um die Leiden unsrer Ahnen.

Das Land ist frei, und wir sind jetzt vereint.
Noch bleiben viel Probleme, Mühen und auch Sorgen.
Wenn auch so manches Böse noch nicht überwunden scheint,
so sieht man doch am Horizont den hellen Morgen.
In allen jenen Kämpfen, die noch vor uns liegen,
lasst uns, wie damals, einig uns die Hände reichen.
Dann wird am Ende unsere gerechte Sache siegen,
und das errungne Glück setzt für die Zukunft Zeichen.

***

Der Autor:

Joachim Rinke wurde am 1. Dezember 1935 in Magdeburg geboren. Bei Kriegsende erlebte er als Neunjähriger in einem kleinen Dorf der Letzlinger Heide, am 13. April 1945 den Einmarsch der Amerikaner. Wenige Wochen später kamen die Engländer, kurz darauf die Russen. Die blieben dann länger.

1953 nahm er als 17-jähriger Oberschüler in Magdeburg am Volksaufstand des 17. Juni teil, blieb aber unerkannt und wurde nicht verfolgt. 1954 in Magdeburg DDR-Abitur. Kurz darauf flüchtete er nach West-Berlin, wo er einen „Sonderlehrgang für Abiturienten" besuchte, den er 1955 mit einer sogenannten „Anerkennung des Reifezeugnisses der sowjetischen Besatzungszone Deutschlands und des sowjetischen Sektors Berlins" abschloß.
In dieser Zeit entstanden erste unveröffentlichte Gedichte.
1955 – 1960 studierte er an der „Technischen Universität Berlin".
1960 wurde er freiwillig „Soldat auf Zeit"(12 Jahre) bei der Bundeswehr (Heeresflieger) und erhielt dort eine Ausbildung zum Offizier und Hubschrauberflugzeugführer. 1972 beendete er seine Dienstzeit in Celle als Hauptmann der Reserve mit einer abgeschlossenen Ausbildung zum „Bürokaufmann" und zog nach Steinhorst, wo er eine selbständige kaufmännische Tätigkeit begann.
1990 und 1994 leistete er Wahlkampfhilfe in seiner Heimatstadt Magdeburg. Während der ganzen Zeit entstanden weitere Gedichte und Kurzprosa.
Ab 1983 bis heute gelegentliche Veröffentlichungen von Gedichten und Kurzprosa in verschiedenen Zeitungen und anderen lokalen Presseerzeugnissen, wie z.B. dem „Kreiskalender Gifhorn".

Von Anfang 1995 bis November 2003 leitete er ehrenamtlich zusammen mit Dr. Prasse, Groß Oesingen, an der Kreisvolkshochschule Gifhorn die dort seit 1992 bestehende „Literaturwerkstatt", wo er immer noch mitarbeitet.
Gleichzeitig arbeitet er an einem Romanzyklus zu dem sein eigenes Leben und Erleben den Hintergrund bilden.

ANHANG

ODE AN EUROPA

EUROPA, UNSER ALLER MUTTER, WIR KEHREN ZU DIR

ZURÜCK

SEI UNS VORBILD, WEISE UNS DEN WEG,

WIE DU TATEST JAHRHUNDERTE HER ...

SEI MIT UNS, EUROPA,

SEI SCHICKSAL UNS, LIEBE, WERK, ZUKUNFT .

O SCHLAGEND HERZ, DU REINES , DU TREUES,

PFLÜGE, SÄE, ERNTE, VERGEHE UND

ERHEBE DICH WIEDER -

UND IMMER WIEDER!

Tamás Aczél

(Kurz vor Ausbruch der ungarischen Revolution von 1956)

a

THEODOR KÖRNER

LÜTZOWS WILDE JAGD

Was glänzt dort vom Walde im Sonnenschein?
Hör's näher und näher brausen.
Es zieht sich herunter in düsteren Reihn,
Und gellende Hörner schallen darein
Und erfüllen die Seele mit Grausen.
Und wenn ihr die schwarzen Gesellen fragt:
Das ist Lützows wilde verwegene Jagd.

Was zieht dort rasch durch den finstern Wald
Und streift von Bergen zu Bergen?
Es legt sich in nächtlichen Hinterhalt;
Das Hurra jauchzt, und die Büchse knallt,
Es fallen die fränkischen Schergen.
Und wenn ihr die schwarzen Jäger fragt:
Das ist Lützows wilde verwegene Jagd.

Wo die Reben dort glühen, dort braust der Rhein,
Der Wütrich geborgen sich meinte;
Da naht es schnell mit Gewitterschein
Und wirft sich mit rüst'gen Armen hinein
Und springt ans Ufer der Feinde.
Und wenn ihr die schwarzen Schwimmer fragt:
Das ist Lützows wilde verwegene Jagd.

Was braust dort im Tale die laute Schlacht,
Was schlagen die Schwerter zusammen?
Wildherzige Reiter schlagen die Schlacht,
Und der Funke der Freiheit ist glühend erwacht
Und lodert in blutigen Flammen.
Und wenn ihr die schwarzen Reiter fragt:
Das ist Lützows wilde verwegene Jagd.

b

Wer scheidet dort röchelnd vom Sonnenlicht,
Unter winselnde Feinde gebettet?
Es zuckt der Tod auf dem Angesicht,
Doch die wackern Herzen erzittern nicht;
Das Vaterland ist ja gerettet!
Und wenn ihr die schwarzen Gefallnen fragt:
Das war Lützows wilde verwegene Jagd.

Die wilde Jagd und die deutsche Jagd
Auf Henkersblut und Tyrannen! -
Drum, die ihr uns liebt, nicht geweint und geklagt!
Das Land ist ja frei, und der Morgen tagt,
Wenn wir's auch nur sterbend gewannen!
Und von Enkeln zu Enkeln sei's nachgesagt:
Das war Lützows wilde verwegene Jagd.

Melodie: C.M. von Weber

Lützow, Adolf Freiherr von, preußischer Generalmajor (1822), * Berlin 18.5.1782.
† ebd. 6.12.1834, war 1809 am Unternehmen des Freiherrn v. Schill beteiligt, bildete i. Februar 1813 d. „Lützowsche Freikorps" ('Schwarze Schar'), das vor allem Studenten anzog. Ihm gehörten auch Th.Körner, L.Jahn, K.F. Friesen und J. v. Eichendorff an. Es wurde am 17.6.1813 bei Leipzig von französischen Truppen fast völlig aufgerieben, später neu gebildet, 1814 aufgelöst.
Körner, Karl Theodor, Schriftsteller, Sohn des Schiller-Freundes Christian Gottfried Körner, * Dresden 23.9.1791, studierte in Freiberg und Leipzig, ging 1811 nach Wien, wo er mit Lustspielen in Kotzebues Art und Trauerspielen in der Nachfolge Schillers Erfolg hatte. 1813 schloß er sich dem „Lützowschen Freikorps" an. Er fiel am 26.8.1813 im Gefecht bei Gadebusch in Mecklenburg